ÉDITORIAL

DÉCEMBRE 2024

W0287743

Des mages et des bergers

Noël, ce n'est pas une fête qui nous ouvre aux autres. Ce sont les autres qui nous ouvrent à la fête. Impossible de vivre le surgissement de Dieu dans la chair sans rencontrer les bergers et les mages. Ils nous révèlent la véritable identité de ce Nouveau-Né couché dans une mangeoire. Les personnes réceptives à la venue de Jésus sont celles que l'on n'attendait pas. Les bergers ? Des êtres impurs qu'il vaut mieux ne pas fréquenter. Ils ont droit pourtant à une liturgie céleste avec Gloria en polyphonie. Premiers missionnaires de l'Évangile, ils ont des yeux pour croire. Les mages ? Des païens venus d'Orient un peu mieux lotis que les bergers, qui déchiffrent les phénomènes naturels pour y lire un message surnaturel. Tout comme les bergers sont l'avant-garde des pauvres, les mages sont l'avant-garde des païens. À partir de ceux qui sont loin de la norme sociale et religieuse, Jésus veut se révéler à nous. Il nous est alors demandé d'avoir la disponibilité du regard des bergers et l'allégresse de la marche des mages. Des yeux émerveillés et des pas persévérants. Telle est la grâce de Noël. ■

Les personnes réceptives à la venue de Jésus sont celles que l'on n'attendait pas.

UNION DES ASSOCIATIONS DIOCÉSAINES DE FRANCE (UADF)

Donner au Denier pour faire vivre la Mission de l'Église

L'Église catholique assure ses missions uniquement grâce à la générosité des fidèles. Le don, qu'il soit financier ou non, est une manière de rentrer en communion avec Dieu et avec ses frères et de bâtir le royaume de Dieu.

Depuis 1905, le Denier de l'Église est la première ressource de l'Église catholique en France. C'est une contribution financière versée par les catholiques à leur diocèse qui permet à l'Église d'assurer sa mission. Le Denier finance le traitement des prêtres et les salaires des laïcs mais aussi les charges de maintenance des paroisses, par exemple le chauffage, l'entretien et la mise aux normes des églises et de l'immobilier d'usage pastoral (salles paroissiales, patronages, logements des prêtres). Des dépenses de fonctionnement et d'actions pastorales comme les pèlerinages, la catéchèse ou la communication sont également prises en charge grâce au Denier. Le Denier représente environ 46 % de l'ensemble des dons courants collectés. Il permet à l'Église d'assurer sa mission de transmission de la foi. Le Denier n'est pas un don comme

un autre. Son sens est lié à la dîme d'Abraham et à l'offrande au Temple. Nous pourrions l'appeler la « dîme de gratitude » ou « la dîme au Temple ». Jésus a lui-même versé l'offrande au Temple et il a signifié toute l'importance de l'obole de la veuve dans ce même Temple. Parce que tout nous est donné, nous pouvons à notre tour donner en retour à l'Église, qui est le temple de Dieu. C'est un signe de communion avec tous ceux qui forment l'Église et un signe d'appartenance. Damien, 30 ans, donateur dans le diocèse de Verdun, interpelle sur l'enjeu de ce don : « Comment faire grandir notre foi et la partager avec le plus grand nombre si l'on ne donne pas des moyens à notre Église ? »

COMMENT DONNER AU DENIER ?
Se rendre sur www.denier.catholique.fr ou contactez votre diocèse directement.

Prier avec le Saint-Père

Intention universelle du mois de décembre 2024

Prions pour que le jubilé
qui s'ouvre nous renforce dans la foi,
en nous aidant à reconnaître
le Christ ressuscité au milieu de nos vies,
et nous transforme en pèlerins
de l'espérance chrétienne.

Pour vous aider à prier :
www.prieraucoeurdumonde.net

SAINTS ET SAINTES DU MOIS DE DÉCEMBRE 2024

Xavier Lecœur, journaliste et historien

Chaque jour, l'Église fête plusieurs saints et bienheureux : ceux du calendrier romain, ceux des calendriers diocésains et ceux du calendrier des Églises orientales.
Tous les mois, Prions en Église *vous propose d'en découvrir quelques-uns.*

1er décembre

Ste Florence
(IVe siècle)
Native d'Asie Mineure, elle fut convertie par saint Hilaire de Poitiers durant son exil. Elle le suivit à son retour en Gaule et vécut ensuite en ermite à Comblé (38).

2 décembre

Ste Viviane
(IVe siècle)
Cette jeune fille aurait subi le martyre à Rome sous le règne de Julien l'Apostat, empereur hostile aux chrétiens.

3 décembre

St François Xavier
(1506-1552)
Célèbre missionnaire jésuite qui évangélisa notamment l'Inde et le Japon. « Le plus grand danger est de perdre espérance et confiance en la miséricorde de Dieu », écrivait-il. Canonisé en 1622.

4 décembre

St Jean Damascène
(lire page 28)

5 décembre

Bx Philippe Rinaldi
(1856-1931)
Troisième successeur de saint Jean Bosco. On lui doit la création, en 1917, de l'institut séculier des Volontaires de Don Bosco.

6 décembre

St Gérard
(XIe siècle)
Premier prieur de l'abbaye bénédictine de La Charité-sur-Loire (58), qui reçut l'appellation de « fille aînée de Cluny », et est inscrite depuis 1998 au patrimoine mondial de l'Unesco.

7 décembre

Ste Marie-Josèphe Rossello
(1811-1880)
« Cœur à Dieu, mains au travail » : telle était la devise

de cette Italienne, fondatrice de la congrégation enseignante des Filles de Notre-Dame de Miséricorde. Canonisée en 1949.

8 décembre

St Romaric

(vers 570-655)

Dégoûté de l'atmosphère délétère qui régnait à la cour de la reine Brunehaut, il vendit tous ses biens et fonda le monastère de Remiremont (88).

9 décembre

Ste Gorgonie

(vers 326-371)

« Qui montra jamais une âme plus insensible à ses propres maux, et plus sensible à ceux des autres ! », écrivit saint Grégoire de Nazianze, à propos de sa sœur aînée Gorgonie.

10 décembre

Ste Eulalie de Merida

(IVe siècle)

Martyre très vénérée en Espagne, elle mourut sur le bûcher, à l'âge de 12 ans.

11 décembre

St Damase Ier

(vers 305-384)

Ce pape très érudit demanda à saint Jérôme, son secrétaire, d'établir une nouvelle version latine de la Bible, la Vulgate. Il favorisa le culte des martyrs et composa en leur honneur de nombreuses épigrammes.

12 décembre

St Corentin

(VIe siècle)

Premier évêque de Quimper, il participa à l'évangélisation de la région. Il est l'un des sept saints fondateurs de la Bretagne.

13 décembre

Ste Élisabeth Rose

(vers 1050-1130)

Cette religieuse bénédictine de Chelles (77) obtint l'autorisation de mener une vie d'ermite. Rejointe par des disciples, elle fonda l'abbaye de Rozoy-le-Vieil (45).

14 décembre

St Jean de la Croix

(1542-1591)

« À la fin du jour, c'est sur l'amour qu'on vous examinera », rappelait ce grand mystique, auteur d'écrits poétiques et réformateur de l'ordre des Carmes. Docteur de l'Église.

15 décembre

St Mesmin

(1587-1651)

Premier abbé de l'ancienne abbaye de Micy (45),

qui donna à l'Église beaucoup de saints moines.

16 décembre
St Adon
(IXe siècle)
Archevêque de Vienne (38), il est l'auteur d'un célèbre martyrologe qui porte son nom.

17 décembre
St Joseph Manyanet
(1833-1901)
Il y a vingt ans, en 2004, le pape Jean-Paul II canonisait ce prêtre catalan qui rêvait de « faire de chaque foyer un Nazareth ». Fondateur des Instituts des Fils et des Filles de la Sainte-Famille.

18 décembre
St Gatien
(IIIe-IVe siècles)
Envoyé en mission par le pape Fabien, il fut le premier évêque de Tours.

19 décembre
Bx Urbain V
(1310-1370)
Élu pape en 1362, le moine français Guillaume de Grimoard ramena la papauté à Rome en 1367, mais il dut revenir à Avignon trois ans plus tard. Un homme droit, pieux et charitable.

20 décembre
St Zéphyrin
(IIe-IIIe siècles)
Quinzième pape. Durant son long pontificat (près de vingt ans), il eut à combattre plusieurs hérésies portant sur la Trinité et la divinité du Christ.

21 décembre
St Pierre Canisius
(1521-1597)
Jésuite hollandais, acteur majeur de la Réforme catholique dans les pays germaniques. « La foi est un don de Dieu, et une lumière dont il éclaire notre âme », souligne-t-il dans son *Grand Catéchisme*. Docteur de l'Église.

22 décembre
Ste Françoise-Xavier Cabrini
(1850-1917)
Fondatrice des Sœurs missionnaires du Sacré-Cœur. En 1889, elle partit en Amérique pour aider ses compatriotes italiens, confrontés à une grande misère. Le film *Cabrini*, sorti cette année, retrace sa vie héroïque.

23 décembre
Bx Armand
(1090-1164)
Après avoir réformé plusieurs communautés de son ordre, ce chanoine régulier de Saint-Augustin

fut nommé évêque de Bressanone (Italie), diocèse qu'il gouverna avec sagesse.

24 décembre
Ste Adèle
(vers 660-734)
Fille du roi des Francs, saint Dagobert II. Devenue veuve, elle choisit la vie religieuse et fonda l'abbaye de Pfalzel, près de Trèves.

25 décembre
Nativité du Seigneur

26 décembre
St Étienne
(Ier siècle)
Le premier martyr de l'Église. Il mourut lapidé, en demandant à Dieu de pardonner à ses bourreaux (Ac 7, 59-60).

27 décembre
Bx François Spoto
(1924-1964)
Il y a soixante ans, jour pour jour, cet Italien, supérieur général des Missionnaires Serviteurs des Pauvres, était tué au Congo, alors qu'il était venu soutenir ses frères religieux confrontés à une guerre civile. Béatifié en 2007.

28 décembre
St Gaspard del Bufalo
(1786-1836)
Refusant de prêter serment à Napoléon, il dut quitter Rome. À son retour, il se voua à l'évangélisation des campagnes.

29 décembre
St Thomas Becket
(1117-1170)
Le martyre de cet archevêque de Cantorbéry, massacré dans sa cathédrale, choqua la chrétienté. Le roi d'Angleterre Henri II dut faire pénitence publiquement.

30 décembre
Bse Eugénie Ravasco
(1845-1900)
« Je veux accomplir la volonté de Dieu avec une sainte joie », affirmait cette religieuse italienne, fondatrice des Filles des Sacrés-Cœurs de Jésus et de Marie vouées à l'enseignement de la jeunesse. Béatifiée en 2003.

31 décembre
Bx Alain de Solminihac
(1593-1659)
Évêque de Cahors (46) durant 22 ans, il multiplia les visites pastorales dans toutes les paroisses de son diocèse afin d'y faire appliquer les décrets du concile de Trente.

Prions avec les textes de la messe

DU 1ER AU 31 DÉCEMBRE 2024

Partagez vos intentions de prière

....

....

....

....

....

....

....

....

....

Envoyez vos intentions de prière à :
Prions en Église, Intentions de prière, 18 rue Barbès, 92128 Montrouge Cedex. **Elles seront portées par les pèlerins qui partiront en Algérie sur les pas de saint Charles de Foucauld, du 13 au 21 janvier 2025.**

DIMANCHE 1ER DÉCEMBRE 2024

1ER DIMANCHE DE L'AVENT

ANNÉE C – COULEUR LITURGIQUE : VIOLET

« Il y aura des signes dans le soleil, la lune et les étoiles. » Luc 21, 25

Top départ : voici le temps du salut ! Ce premier dimanche de l'Avent marque un nouveau commencement. Ne soyons ni lassés, ni blasés. Le Seigneur nous redit sa promesse, il nous demande d'être prêts à le rencontrer. Que nos cœurs s'ouvrent à sa venue, que ce temps de l'Avent affermisse et éclaire notre foi en celui qui sauve tous les hommes.

RITES INITIAUX

Chant d'entrée *(Suggestions p. 263)*

OU

Antienne d'ouverture

Vers toi, Seigneur, j'élève mon âme. Mon Dieu, je m'appuie sur toi : épargne-moi la honte ; ne laisse pas triompher mon ennemi. Pour qui espère en toi, pas de honte. (cf. Ps 24, 1-3)

Suggestion de préparation pénitentielle *(ou p. 235)*

Frères et sœurs, pour entrer dans cette célébration, demandons au Seigneur de préparer nos cœurs et de nous tenir en éveil. Reconnaissons que nous sommes pécheurs.

Seigneur Jésus, toi qui accomplis la parole du Père pour le salut de tous les hommes, prends pitié de nous.

— Prends pitié de nous.

Ô Christ, toi qui associes tous ceux qui t'aiment à ta sainteté, prends pitié de nous.

— Prends pitié de nous.

Seigneur, toi qui donnes aux hommes la force d'échapper au mal, prends pitié de nous.

— Prends pitié de nous.

Que Dieu tout-puissant nous fasse miséricorde ; qu'il nous pardonne nos péchés et nous conduise à la vie éternelle. ***— Amen.***

Pendant l'Avent, on omet le Gloire à Dieu.

Prière

Donne à tes fidèles, Dieu tout-puissant, la volonté d'aller par les chemins de la justice à la rencontre de celui qui vient, le Christ, afin qu'ils soient admis à sa droite et méritent d'entrer en possession du royaume des Cieux. Par Jésus… ***— Amen.***

LITURGIE DE LA PAROLE

Lecture du livre du prophète Jérémie (33, 14-16)

« Je ferai germer pour David un Germe de justice »

Voici venir des jours – oracle du Seigneur – où j'accomplirai la parole de bonheur que j'ai adressée à la maison d'Israël et à la maison de Juda : En ces jours-là, en ce temps-là, je ferai germer pour David un Germe de justice, et il exercera dans le pays le droit et la justice. En ces jours-là, Juda sera sauvé, Jérusalem habitera en sécurité, et voici comment on la nommera : « Le-Seigneur-est-notre-justice. »

– Parole du Seigneur.

Psaume 24 (25)

℟ *Vers toi, Seigneur, j'élève mon âme, vers toi, mon Dieu.*

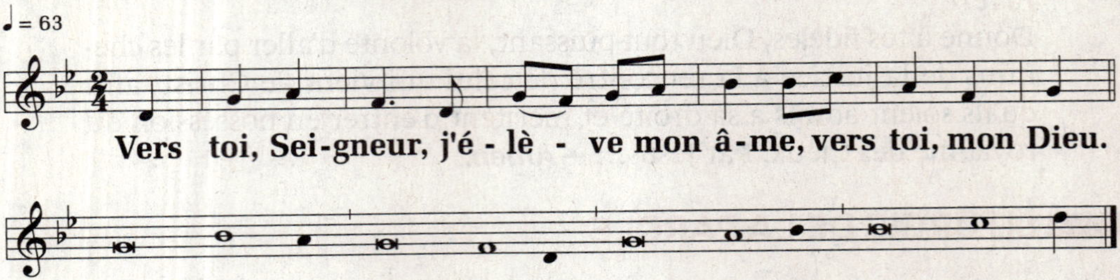

T. : AELF ; M. : T. Ospital ; Éd. : ADF.

Seigneur, enseigne-moi tes voies,
fais-moi connaître ta route.
Dirige-moi par ta vérité, enseigne-moi,
car tu es le Dieu qui me sauve. ℟

Il est droit, il est bon, le Seigneur,
lui qui montre aux pécheurs le chemin.
Sa justice dirige les humbles,
il enseigne aux humbles son chemin. ℟

Retrouvez ce psaume sur le CD "Les psaumes de l'année C"

Les voies du Seigneur sont amour et vérité
pour qui veille à son alliance et à ses lois.
Le secret du Seigneur est pour ceux qui le craignent ;
à ceux-là, il fait connaître son alliance. ℟

Lecture de la première lettre de saint Paul apôtre aux Thessaloniciens (3, 12 – 4, 2)

« Que le Seigneur affermisse vos cœurs lors de la venue de notre Seigneur Jésus »

Frères, que le Seigneur vous donne, entre vous et à l'égard de tous les hommes, un amour de plus en plus intense et débordant, comme celui que nous avons pour vous. Et qu'ainsi il affermisse vos cœurs, les rendant irréprochables en sainteté devant Dieu notre Père, lors de la venue de notre Seigneur Jésus avec tous les saints. Amen.

Pour le reste, frères, vous avez appris de nous comment il faut vous conduire pour plaire à Dieu ; et c'est ainsi que vous vous conduisez déjà. Faites donc de nouveaux progrès, nous vous le demandons, oui, nous vous en prions dans le Seigneur Jésus. Vous savez bien quelles instructions nous vous avons données de la part du Seigneur Jésus.

– Parole du Seigneur.

Acclamation de l'Évangile

Alléluia. Alléluia. Fais-nous voir, Seigneur, ton amour, et donne-nous ton salut. ***Alléluia.***

T. : AELF; M. : P. Robert.

Évangile de Jésus Christ selon saint Luc (21, 25-28.34-36)

« Votre rédemption approche »

En ce temps-là, Jésus parlait à ses disciples de sa venue : « Il y aura des signes dans le soleil, la lune et les étoiles. Sur terre, les nations seront affolées et désemparées par le fracas de la mer et des flots. Les hommes mourront de peur dans l'attente de ce qui doit arriver au monde, car les puissances des cieux seront ébranlées. Alors, on verra le Fils de l'homme venir dans une nuée, avec puissance et grande gloire. Quand ces événements commenceront, redressez-vous et relevez la tête, car votre rédemption approche. Tenez-vous sur vos gardes, de crainte que votre cœur ne s'alourdisse

dans les beuveries, l'ivresse et les soucis de la vie, et que ce jour-là ne tombe sur vous à l'improviste comme un filet ; il s'abattra, en effet, sur tous les habitants de la terre entière. Restez éveillés et priez en tout temps : ainsi vous aurez la force d'échapper à tout ce qui doit arriver, et de vous tenir debout devant le Fils de l'homme. »

Homélie

Profession de foi *(p. 238)*

Suggestion de prière universelle

Le prêtre :

Le Christ veut conduire son peuple à la joie. Adressons-lui notre prière pour toute l'humanité, spécialement pour les plus pauvres, pour les isolés, pour ceux qui ont besoin d'espérance.

℟ ***Écoute-nous, Seigneur, et viens sauver ton peuple !***

MNA n°31.34

Le diacre ou un lecteur :

L'Église annonce la Bonne Nouvelle aux hommes d'aujourd'hui. Pour qu'elle tienne son rôle de veilleur d'espérance dans le monde, Seigneur, nous te prions. ℟

Décembre correspond parfois à des dérives mercantiles. Pour que nos dirigeants aient le souci de celles et ceux qui aspirent à une vie sobre et fraternelle, Seigneur, nous te prions. ℟

Saint Paul nous redit aujourd'hui l'importance de la charité. Pour que les progrès dans notre société favorisent la fraternité entre les hommes, Seigneur, nous te prions. ℟

Nos équipes liturgiques et caritatives sont appelées à porter du fruit. Pour que leurs membres donnent un témoignage crédible de la foi, Seigneur, nous te prions. ℟

(Ces intentions seront adaptées ou modifiées selon les circonstances. On peut aussi s'inspirer de l'intention universelle du Saint-Père, p. 6.)

Le prêtre :

Toi qui viens sans cesse à la rencontre de tous les hommes, Christ Seigneur, nous te supplions. Que Noël réjouisse déjà les familles et plante en notre monde l'espérance et la paix. Toi qui vis et règnes pour les siècles des siècles. ***— Amen.***

LITURGIE EUCHARISTIQUE

Prière sur les offrandes

Nous t'offrons, Seigneur, ces dons prélevés sur les bienfaits reçus de toi : nous t'en prions, accueille-les ; puisse la célébration fervente, que tu nous donnes d'accomplir dans le temps présent, nous obtenir la rédemption éternelle. Par le Christ, notre Seigneur. ***— Amen.***

Prière eucharistique *(1re préface de l'Avent)*
Vraiment, il est juste et bon, pour ta gloire et notre salut, de t'offrir notre action de grâce, toujours et en tout lieu, Seigneur, Père très saint, Dieu éternel et tout-puissant, par le Christ, notre Seigneur. Car il est déjà venu, en assumant l'humble condition de notre chair, pour accomplir l'éternel dessein de ton amour et nous ouvrir à jamais le chemin du salut ; il viendra de nouveau, revêtu de sa gloire, afin que nous possédions dans la pleine lumière les biens que tu nous as promis et que nous attendons en veillant dans la foi. C'est pourquoi, avec les anges et les archanges, avec les puissances d'en haut et tous les esprits bienheureux, nous chantons l'hymne de ta gloire et sans fin nous proclamons : ***Saint ! Saint ! Saint...***

Chant de communion *(Suggestions p. 263)*
OU
Antienne de la communion
Le Seigneur donnera ses bienfaits,
et notre terre donnera son fruit.
(Ps 84, 13)

Prière après la communion
Nous t'en prions, Seigneur, fais fructifier en nous les mystères que nous avons célébrés : tandis que nous marchons dans ce monde qui passe, tu nous enseignes par eux à aimer dès maintenant les biens

du ciel, et à nous attacher à ceux qui demeurent. Par le Christ, notre Seigneur. **— Amen.**

RITE DE CONCLUSION

Bénédiction solennelle

Vous croyez que le Fils unique de Dieu est déjà venu, et vous attendez qu'il vienne de nouveau ; à la clarté de son avènement, que Dieu tout-puissant, dans sa miséricorde, vous sanctifie et vous comble de sa bénédiction.

— Amen.

Dans le combat de cette vie, qu'il rende ferme votre foi, joyeuse, votre espérance, efficace, votre charité.

— Amen.

La venue prochaine de notre Rédempteur selon la chair vous procure déjà une joie spirituelle ; lors de son avènement dans la gloire, qu'il vous donne la récompense de la vie éternelle.

— Amen.

Et que la bénédiction de Dieu tout-puissant, le Père, et le Fils, ✠ et le Saint-Esprit, descende sur vous et y demeure toujours.

— Amen.

Envoi

COMMENTAIRE DU DIMANCHE

Karem Bustica, rédactrice en chef de *Prions en Église*

L'espérance de l'Avent

Les versets de l'évangile de ce dimanche, évoquant des signes célestes, des bouleversements terrestres et une angoisse généralisée, résonnent étonnamment avec nos transitions contemporaines. Cependant, ces versets appartiennent au genre littéraire apocalyptique datant du IIe siècle avant J.-C. « Apocalypse », du grec *« apokalupsis »,* signifie « révélation ». Dans la Bible, cette forme d'écriture symbolique entend donner au croyant des indices sur le sens du monde et la venue imminente du royaume de Dieu. Le message est simple : même quand tout semble sombrer, Dieu aura le dernier mot. Désormais, nous sommes avertis, le mal sera vaincu par Dieu.

Le temps de l'Avent qui commence aujourd'hui est l'occasion de renouveler notre espérance en ce Dieu vainqueur du mal •••

••• et de la mort. L'espérance n'est pas l'illusion que « tout ira bien », mais la certitude que Dieu est avec nous quoi que nous ayons à traverser. Vivre dans l'espérance signifie éveiller notre conscience à la présence de Dieu, fuir les distractions et discerner le bien, nous concentrer sur Dieu et accueillir ce qu'il nous donne. L'espérance n'est pas une conviction, mais une force qui se réalise dans des engagements très concrets. Pourquoi ? Parce qu'elle nourrit notre envie de rendre ce monde encore plus conforme au royaume de Dieu. Oui, l'espérance est un don de Dieu, et le temps de l'Avent l'invitation à l'accueillir, la déployer, ou à la demander, tout simplement !

~

Que représente pour moi le temps de l'Avent ?
Que veut dire concrètement pour moi « se redresser et relever la tête » ? ■

Prions en Église Junior

LIRE L'ÉVANGILE AVEC LES ENFANTS

CE QUE JE DÉCOUVRE

Quand on dort, on ne sait pas ce qui se passe autour de soi. Quand on est éveillé, on ne voit pas toujours ce qui se passe autour de nous. **Nous devons être attentifs.** C'est ce que nous demande Jésus, pour ne pas manquer sa venue que nous allons célébrer à Noël. T'imagines-tu rater cette fête ? Pendant l'Avent, **ouvre tes yeux, tes oreilles et ton cœur** pour te préparer à accueillir Jésus. La prière peut t'aider.
Plus tu pries Jésus, plus tu rayonnes de joie.
Jésus nous dit de prier beaucoup pour faire éclater sa lumière.

CE QUE JE VIS

À quel moment es-tu le plus attentif ?
À quel moment es-tu le moins éveillé ?
Maintenant ou avant de te coucher, remercie Jésus pour tout ce qui a été joyeux et beau aujourd'hui.

Texte : Thibault Van Den Driessche. Illustrations : Marcelino Truong

MÉDITATION BIBLIQUE
1ER DIMANCHE DE L'AVENT
Évangile selon saint Luc 21, 25-28.34-36

Habiter l'attente

Cela arrivera demain, après-demain, bientôt, dans un futur proche ou lointain… L'attente est une réalité de nos vies qui mérite d'être revisitée.

Le temps de la préparation

« Voici venir des jours – oracle du Seigneur – où j'accomplirai la parole de bonheur que j'ai adressée à la maison d'Israël et à la maison de Juda. » (Jr 33, 14)

Le temps de l'observation

Les propos de Jésus sur son retour semblent dissonants par rapport à son attitude dans les Évangiles. Ne cherchant ni la violence ni la brutalité, l'annonce des moments difficiles à venir a de quoi étonner. Il y a pourtant une cohérence interne. La finalité de ce monde n'est pas dans ce que nous en voyons aujourd'hui ; trop d'écarts, trop d'abus, trop d'exploitations, trop d'injustices encore dans l'humanité en regard du bon usage de la Création. Si Jésus ne cache pas que l'accomplissement de la Parole nécessitera de profonds changements dans les façons de vivre, son enseignement reste empli de sérénité. Il demande à ses disciples de ne pas mourir de peur, de ne pas se cacher, de ne pas céder à la fuite. Au contraire, l'accomplissement de la Parole est le bon moment pour maintenir une forme de stabilité et de confiance. Rester éveillé est la bonne attitude pour faire face à ce qui vient.

Le temps de la méditation

L'évangile du jour parle de l'attitude à avoir dans l'attente, dans cet écart qui nous sépare de ce qui doit venir immanquablement. L'enseignement de Jésus vaut ainsi pour tout ce qui, dans nos vies, est en attente d'accomplissement de la Parole en nous. À cause d'une impatience trop forte ou d'une crainte trop grande, l'attente peut ne pas être simple à vivre. Elle vient réveiller ce qui en nous peut être tourment et désir. Elle peut nous enfermer dans une passivité qui laisse penser que nous n'avons aucune prise, aucune possibilité d'agir. Ce n'est pourtant pas le cas. Jésus propose d'habiter l'attente, d'en faire un espace où il est possible de vivre pleinement. Ce qui vaut pour la fin du monde ou des moments importants de nos vies vaut aussi pour Noël. Que faire de ce temps qui nous sépare de cette fête ? Comment lâcher nos craintes ou notre impatience pour laisser Dieu renouveler notre existence ?

Le temps de la prière

« Seigneur, enseigne-moi tes voies, fais-moi connaître ta route. Dirige-moi par ta vérité, enseigne-moi, car tu es le Dieu qui me sauve. » (Ps 24, 4-5) ■

Marie-Laure Durand, bibliste

LE SAINT DU MOIS

4 DÉCEMBRE : SAINT JEAN DAMASCÈNE (VERS 675 - VERS 749)

Un autre saint Matthieu

Né vers 675 à Damas (d'où son nom), saint Jean Damascène est souvent perçu comme un autre saint Matthieu. Tout comme l'évangéliste, il exerça d'abord le métier de collecteur d'impôts, avant de se vouer totalement au Christ par l'écriture et la prédication. Jean Damascène était issu d'une famille arabe et chrétienne. Son grand-père et son père étaient de hauts fonctionnaires qui continuèrent à exercer leur charge quand la ville de Damas passa sous domination musulmane en 635. Après de brillantes études, Jean hérita du poste de son père auprès des califes omeyyades. Toutefois, au fil des années, l'appel de Jésus au publicain Matthieu – « Suis-moi ! » (Mt 9, 9) – retentit de plus en plus fortement dans le cœur de Jean Damascène : il finit par démissionner, donna ses biens aux pauvres et changea radicalement d'existence en se mettant au service de Dieu. Il quitta Damas et rejoignit le monastère de Saint-Sabas, situé dans le désert de Judée, près de Bethléem. Là, le nouveau moine et prêtre Jean déploya ses dons intellectuels en élaborant une œuvre écrite abondante et multiforme. Poète, il composa de nombreuses hymnes liturgiques, encore en usage aujourd'hui. Prédicateur, il prononça des homélies dont certaines sont parvenues jusqu'à nous. Polémiste, il défendit le culte des images, alors que la première querelle iconoclaste faisait rage. Enfin, Jean fut aussi un théologien qui composa une précieuse synthèse de la foi chrétienne selon les Pères grecs (*La Source de la connaissance*). Mort vers 749, Jean Damascène fut très tôt vénéré en Orient. En Occident, il fallut attendre plusieurs siècles pour que ses œuvres, écrites en grec, fussent traduites en latin. En proclamant saint Jean Damascène docteur de l'Église en 1890, le pape Léon XIII a reconnu l'importance de l'apport intellectuel, spirituel et théologique de celui qui a été surnommé « *Chrysorrhoas* » (en grec, « qui charrie de l'or »). ■

Xavier Lecœur, journaliste et historien

UN SAINT POUR AUJOURD'HUI

En ce temps de l'Avent, saint Jean Damascène, très dévoué à la Vierge Marie, nous invite à nous pencher sur le mystère de la Mère de Dieu : « Salut, servante du Seigneur ! [...] L'antique dessein de Dieu, l'incarnation du Verbe et notre divinisation, par toi s'accomplit. »

LUNDI 2 DÉCEMBRE 2024

1RE SEMAINE DE L'AVENT COULEUR LITURGIQUE : VIOLET

Temps de l'Avent, *messe de la férie*

Antienne d'ouverture

Écoutez, nations, la parole du Seigneur !
Annoncez-la jusqu'aux extrémités de la terre :
« Voici notre Sauveur qui vient, ne craignez plus. »
(cf. Jr 31, 10 ; Is 35, 4)

Prière

Seigneur notre Dieu, nous t'en prions : accorde-nous d'attendre sans faiblir la venue de ton Fils, pour qu'au jour où il viendra frapper à notre porte, il nous trouve vigilants dans la prière, joyeux de chanter sa louange. Lui qui… ***— Amen.***

Lecture

du livre du prophète Isaïe (2, 1-5)

Le Seigneur rassemble toutes les nations dans la paix éternelle du royaume de Dieu

Parole d'Isaïe, – ce qu'il a vu au sujet de Juda et de Jérusalem. Il arrivera dans les derniers jours que la montagne de la maison du Seigneur se tiendra plus haut que les monts, s'élèvera au-dessus des collines. Vers elle, afflueront toutes les nations et viendront des peuples nombreux. Ils diront : « Venez ! montons à la montagne du Seigneur*, à la maison du Dieu de Jacob ! Qu'il nous enseigne ses chemins, et nous irons

par ses sentiers. » Oui, la loi sortira de Sion, et de Jérusalem, la parole du Seigneur.
Il sera juge entre les nations et l'arbitre de peuples nombreux. De leurs épées, ils forgeront des socs, et de leurs lances, des faucilles. Jamais nation contre nation ne lèvera l'épée ; ils n'apprendront plus la guerre.
Venez, maison de Jacob ! Marchons à la lumière du Seigneur.
– Parole du Seigneur.

Psaume 121 (122)

℟ ***Dans la joie, nous irons à la maison du Seigneur.***

Quelle joie quand on m'a dit :
« Nous irons à la maison du Seigneur ! »
Maintenant notre marche prend fin
devant tes portes, Jérusalem ! ℟

Jérusalem, te voici dans tes murs :
ville où tout ensemble ne fait qu'un !
C'est là que montent les tribus,
les tribus du Seigneur. ℟

C'est là qu'Israël doit rendre grâce
au nom du Seigneur ;
c'est là le siège du droit,
le siège de la maison de David. ℟

Appelez le bonheur sur Jérusalem :
« Paix à ceux qui t'aiment !
Que la paix règne dans tes murs,
le bonheur dans tes palais ! » ℟

À cause de mes frères et de mes proches,
je dirai : « Paix sur toi ! »
À cause de la maison du Seigneur notre Dieu,
je désire ton bien. ℟

On peut aussi prendre une forme brève du psaume : 1re, 2e et 5e strophes.

Acclamation de l'Évangile

Alléluia, Alléluia. Viens, Seigneur, notre Dieu, délivre-nous. Montre-nous ton visage et nous serons sauvés. ***Alléluia.***

Évangile de Jésus Christ

selon saint Matthieu (8, 5-11)

« Beaucoup viendront de l'orient et de l'occident et prendront place au festin du royaume des Cieux »

En ce temps-là, comme Jésus était entré à Capharnaüm, un centurion s'approcha de lui et le supplia : « Seigneur, mon serviteur est couché, à la maison, paralysé, et il souffre terriblement. » Jésus lui dit : « Je vais aller moi-même le guérir. »

Le centurion reprit : « Seigneur, je ne suis pas digne que tu entres sous mon toit, mais dis seulement une parole et mon serviteur sera guéri. Moi-même qui suis soumis à une autorité, j'ai des soldats sous mes ordres ; à l'un, je dis : "Va", et il va ; à un autre : "Viens", et il vient, et à mon esclave : "Fais ceci", et il le fait. » À ces mots, Jésus fut dans l'admiration et dit à ceux qui le suivaient : « Amen, je vous le déclare, chez personne en Israël, je n'ai trouvé une telle foi. Aussi je vous le dis : Beaucoup viendront de l'orient et de l'occident et prendront place avec Abraham, Isaac et Jacob au festin du royaume des Cieux. »

Prière sur les offrandes

Nous t'offrons, Seigneur, ces dons prélevés sur les bienfaits reçus de toi : nous t'en prions, accueille-les ; puisse la célébration fervente, que tu nous donnes d'accomplir dans le temps présent, nous obtenir la rédemption éternelle. Par le Christ, notre Seigneur. ***— Amen.***

1re préface de l'Avent, p. 241.

Antienne de la communion

Viens, Seigneur,
nous visiter dans la paix,
afin que, de tout cœur,
nous nous réjouissions devant toi.
(cf. Ps 105, 4-5 ; Is 38, 3)

Prière après la communion

Nous t'en prions, Seigneur, fais fructifier en nous les mystères que nous avons célébrés : tandis que nous marchons dans ce monde qui passe, tu nous enseignes par eux à aimer dès maintenant les biens du ciel, et à nous attacher à ceux qui demeurent. Par le Christ, notre Seigneur. ***— Amen.***

INVITATION

En ce début d'Avent, je peux demander une grâce de guérison pour Noël.
Je laisse Jésus me redire : « Je viens te guérir. »

LUNDI 2 DÉCEMBRE 2024

COMMENTAIRE

Le temps du désarmement Isaïe 2, 1-5

L'Avent est un temps d'attente, mais une attente active. Avec Isaïe, mettons-nous en marche à la rencontre de celui qui vient. Montons au lieu de la parole du Seigneur, vers la promesse de paix offerte à tous les peuples. À nous de la désirer, de l'appeler, de lui donner corps. La paix commence en nous-mêmes. Que ce temps soit pour chacun, chacune, celui du désarmement. Il vient le Prince de la paix. ■

***Colette Hamza**, xavière*

✲ CLÉ DE LECTURE

« À la montagne du Seigneur » Isaïe 2, 3 *(p. 30)*

Ces versets, que l'on retrouve dans le livre Michée (Mi 4, 1-3), font assister au basculement de l'espérance historique vers la fin des temps, ce qu'on appelle l'eschatologie. Le prophète s'inspire des grandes fêtes de pèlerinage où la population montait à Jérusalem, pour évoquer la montée générale des nations étrangères vers le lieu saint du Dieu d'Israël, le mont Sion. L'admirable vision de paix, où les armes de guerre sont changées en outils de prospérité, s'oppose à d'autres conceptions violentes de la même fin : le jugement des nations dans le livre de Joël est au contraire un appel au combat (Jl 4, 10). C'est dire l'ambivalence de l'espérance au fil de l'histoire : elle aspire plus que tout à la paix, mais elle passe aussi par la lutte contre le mal et les forces de mort. ■

***Roselyne Dupont-Roc**, bibliste*

MARDI 3 DÉCEMBRE 2024

1RE SEMAINE DE L'AVENT COULEUR LITURGIQUE : BLANC

Saint François Xavier

1506-1552. L'un des premiers compagnons de saint Ignace de Loyola, infatigable missionnaire, il sema l'Évangile en Inde, aux Moluques, au Japon…

Antienne d'ouverture

**Je te rendrai grâce parmi les peuples, Seigneur ;
je proclamerai ton nom devant mes frères.**
(Ps 17, 50 ; 21, 23)

Prière

Seigneur Dieu, par la prédication de saint François Xavier, tu as acquis pour toi des peuples nombreux ; accorde aux fidèles d'avoir une ardeur aussi vive pour la foi, et à la sainte Église, la joie d'avoir en tout lieu une descendance innombrable. Par Jésus… ***— Amen.***

Lecture

du livre du prophète Isaïe (11, 1-10)

« Sur lui reposera l'esprit du Seigneur »

En ce jour-là, un rameau sortira de la souche de Jessé, père de David, un rejeton* jaillira de ses racines. Sur lui reposera l'esprit du Seigneur : esprit de sagesse et de discernement, esprit de conseil et de force, esprit de connaissance et de crainte du Seigneur – qui lui inspirera la crainte du Seigneur. Il ne jugera pas sur l'apparence ; il ne se prononcera pas sur des rumeurs. Il jugera les petits avec justice ; avec droiture, il se

prononcera en faveur des humbles du pays. Du bâton de sa parole, il frappera le pays ; du souffle de ses lèvres, il fera mourir le méchant. La justice est la ceinture de ses hanches ; la fidélité est la ceinture de ses reins.
Le loup habitera avec l'agneau, le léopard se couchera près du chevreau, le veau et le lionceau seront nourris ensemble, un petit garçon les conduira. La vache et l'ourse auront même pâture, leurs petits auront même gîte. Le lion, comme le bœuf, mangera du fourrage. Le nourrisson s'amusera sur le nid du cobra ; sur le trou de la vipère, l'enfant étendra la main. Il n'y aura plus de mal ni de corruption sur toute ma montagne sainte ; car la connaissance du Seigneur remplira le pays comme les eaux recouvrent le fond de la mer.
Ce jour-là, la racine de Jessé sera dressée comme un étendard pour les peuples, les nations la chercheront, et la gloire sera sa demeure.
– Parole du Seigneur.

Psaume 71 (72)

℟ ***En ces jours-là fleurira la justice, grande paix jusqu'à la fin des temps.***

Dieu, donne au roi tes pouvoirs,
à ce fils de roi ta justice.
Qu'il gouverne ton peuple avec justice,
qu'il fasse droit aux malheureux ! ℟

En ces jours-là, fleurira la justice,
grande paix jusqu'à la fin des lunes !
Qu'il domine de la mer à la mer,
et du Fleuve jusqu'au bout de la terre ! ℟

Il délivrera le pauvre qui appelle
et le malheureux sans recours.
Il aura souci du faible et du pauvre,
du pauvre dont il sauve la vie. ℟

Que son nom dure toujours ;
sous le soleil, que subsiste son nom !
En lui, que soient bénies toutes les familles de la terre ;
que tous les pays le disent bienheureux ! ℟

Acclamation de l'Évangile

Alléluia, Alléluia. Voici qu'il vient avec puissance, notre Seigneur, pour éclairer les yeux de ses serviteurs. ***Alléluia.***

Évangile de Jésus Christ

selon saint Luc (10, 21-24)

« Jésus exulta de joie sous l'action de l'Esprit Saint »

À l'heure même, Jésus exulta de joie sous l'action de l'Esprit Saint, et il dit : « Père, Seigneur du ciel et de la terre, je proclame ta louange : ce que tu as caché aux sages et aux savants, tu l'as révélé aux tout-petits. Oui, Père, tu l'as voulu ainsi dans ta bienveillance. Tout m'a été remis par mon Père. Personne ne connaît qui est le Fils, sinon le Père ; et personne ne connaît qui est le Père, sinon le Fils et celui à qui le Fils veut le révéler. » Puis il se tourna vers ses disciples et leur dit en particulier : « Heureux les yeux qui voient ce que vous voyez ! Car, je vous le déclare : beaucoup de prophètes et de rois ont voulu voir ce que vous-mêmes voyez, et ne l'ont pas vu, entendre ce que vous entendez, et ne l'ont pas entendu. »

Prière sur les offrandes

Accepte, Seigneur, les offrandes que nous t'apportons, en faisant mémoire de saint François Xavier : passionné pour le salut des hommes, il fut entraîné vers des terres lointaines ; puissions-nous, à notre tour, rendre à l'Évangile un témoignage efficace et nous hâter, avec nos frères, dans notre marche vers toi. Par le Christ, notre Seigneur. ***— Amen.***

1re préface de l'Avent, p. 241.

Antienne de la communion

Ce que je vous dis dans les ténèbres,
dites-le en pleine lumière ;
ce que vous entendez
au creux de l'oreille,
proclamez-le sur les toits.
(Mt 10, 27)

Prière après la communion

Que tes mystères, Seigneur Dieu, allument en nous cette ardente charité qui brûlait saint François Xavier pour le salut des âmes ; nous marcherons alors dans une plus grande fidélité à notre vocation, et nous pourrons obtenir avec lui le salaire promis aux bons ouvriers. Par le Christ, notre Seigneur.
— Amen.

INVITATION

Comment puis-je témoigner de l'Évangile autour de moi ? Je me laisse inspirer par saint François Xavier, infatigable missionnaire que nous fêtons aujourd'hui.

COMMENTAIRE

Le rêve de Dieu

Isaïe 11, 1-10

Isaïe continue aujourd'hui de nous dire le rêve de Dieu. Au cœur des drames du monde, il ose une folle espérance : le loup avec l'agneau, le nourrisson sur le nid du cobra ! Il brosse le tableau d'une Création réconciliée car remplie de sagesse, de discernement et de la connaissance de Dieu. Vivre cette espérance, et se laisser remplir de cette connaissance. Co-naître, naître avec… un simple rameau devenu promesse. ■

***Colette Hamza**, xavière*

✻ CLÉ DE LECTURE

« Un rejeton »

Isaïe 11, 1 *(p. 35)*

Qui est ce « rejeton » de la souche de Jessé ? David ou un roi de sa descendance ? Oint par l'Esprit de Dieu qui lui donne sa propre sagesse, il sait allier justice et vérité, par une défense attentive des plus faibles et des plus méprisés. Plus encore il inaugure, une création nouvelle, dont la violence sera absente : la douceur voulue par Dieu créateur y trouve son expression la plus aboutie. Les disciples de Jésus reconnaîtront en lui ce descendant de David, Prince de la paix. Mais ils devront comprendre qu'une telle victoire sur la violence n'est possible que parce que Jésus accepte d'être, comme le serviteur d'Isaïe « un faible rejeton, dénué d'apparence, méprisé de tous » (cf. Is 53, 2-3), qui meurt pour que les siens reconnaissent les chemins de la vie. ■

***Roselyne Dupont-Roc**, bibliste*

MERCREDI 4 DÉCEMBRE 2024

1re SEMAINE DE L'AVENT COULEUR LITURGIQUE : VIOLET

Temps de l'Avent, *messe de la férie*
ou **saint Jean de Damas**

Antienne d'ouverture

**Le Seigneur va venir sans tarder éclairer
ce que voilent nos ténèbres et se manifester
à toutes les nations.**
(cf. Ha 2, 3 ; 1 Co 4, 5)

Prière

Prépare nos cœurs, Seigneur notre Dieu, par ta puissance divine, pour qu'à la venue du Christ, ton Fils, nous soyons trouvés dignes de prendre part au banquet de la vie éternelle et de recevoir, de sa main, la nourriture du ciel. Lui qui…
— Amen.

Lecture

du livre du prophète Isaïe (25, 6-10a)

« Le Seigneur préparera un festin et essuiera les larmes sur tous les visages »

En ce jour-là, le Seigneur de l'univers préparera pour tous les peuples, sur sa montagne, un festin de viandes grasses et de vins capiteux, un festin de viandes succulentes et de vins décantés. Sur cette montagne, il fera disparaître le voile de deuil qui enveloppe tous les peuples et le linceul qui couvre toutes les nations. Il fera disparaître la mort pour

toujours. Le Seigneur Dieu essuiera les larmes sur tous les visages, et par toute la terre il effacera l'humiliation de son peuple. Le Seigneur a parlé. Et ce jour-là, on dira : « Voici notre Dieu, en lui nous espérions, et il nous a sauvés ; c'est lui le Seigneur, en lui nous espérions ; exultons, réjouissons-nous : il nous a sauvés ! » Car la main du Seigneur reposera sur cette montagne.

– Parole du Seigneur.

Psaume 22 (23)

℞ ***J'habiterai la maison du Seigneur pour la durée de mes jours.***

Le Seigneur est mon berger :
je ne manque de rien.
Sur des prés d'herbe fraîche,
il me fait reposer. ℞

Il me mène vers les eaux tranquilles
et me fait revivre ;
il me conduit par le juste chemin
pour l'honneur de son nom. ℞

Si je traverse les ravins de la mort,
je ne crains aucun mal,
car tu es avec moi :
ton bâton me guide et me rassure. ℞

Tu prépares la table pour moi
devant mes ennemis ;
tu répands le parfum sur ma tête,
ma coupe est débordante. ℞

Grâce et bonheur m'accompagnent
tous les jours de ma vie ;
j'habiterai la maison du Seigneur
pour la durée de mes jours. ℞

Acclamation de l'Évangile

Alléluia, Alléluia. Il viendra, le Seigneur, pour sauver son peuple. Heureux ceux qui sont prêts à partir à sa rencontre ! ***Alléluia.***

Évangile de Jésus Christ

selon saint Matthieu (15, 29-37)

Jésus guérit les infirmes et multiplie les pains

En ce temps-là, Jésus arriva près de la mer de Galilée. Il gravit la montagne et là, il s'assit. De grandes foules s'approchèrent de lui, avec des boiteux, des aveugles, des estropiés, des muets, et beaucoup d'autres encore ; on les déposa à ses pieds et il les guérit. Alors la foule était dans l'admiration en voyant des muets qui parlaient, des estropiés rétablis, des boiteux qui marchaient, des aveugles qui voyaient ; et ils rendirent gloire au Dieu d'Israël.

Jésus appela ses disciples et leur dit : « Je suis saisi de compassion pour cette foule, car depuis trois jours déjà ils restent auprès de moi, et n'ont rien à manger. Je ne veux pas les renvoyer à jeun, ils pourraient défaillir en chemin. » Les disciples lui disent : « Où trouverons-nous dans un désert assez de pain pour rassasier une telle foule ? » Jésus leur demanda : « Combien de pains avez-vous ? » Ils dirent : « Sept, et quelques petits poissons. » Alors il ordonna à la foule de s'asseoir par terre. Il prit les sept pains et les poissons ; rendant grâce, il les rompit, et il les donnait aux disciples, et les disciples aux foules. Tous mangèrent et furent rassasiés*. On ramassa les morceaux qui restaient : cela faisait sept corbeilles pleines.

Prière sur les offrandes

Nous t'en prions, Seigneur, accorde-nous de t'offrir toujours ce sacrifice d'un cœur généreux : qu'il réalise le mystère sacré que tu as institué, et opère en nous ton salut avec puissance. Par le Christ, notre Seigneur. – ***Amen.***

1re préface de l'Avent, p. 241.

Antienne de la communion

Voici le Seigneur notre Dieu
qui vient avec puissance ;
il vient illuminer le regard
de ceux qui le servent.
(cf. Is 40, 10 ; 35, 5)

Prière après la communion

Nous implorons, Seigneur, ta bonté : que ce réconfort divin nous délivre de nos penchants mauvais et nous prépare aux fêtes qui approchent. Par le Christ, notre Seigneur. – ***Amen.***

INVITATION

Aujourd'hui, l'Église nous propose de célébrer la mémoire de saint Jean de Damas. Je peux aller lire sa biographie (p. 28).

MERCREDI 4 DÉCEMBRE 2024

COMMENTAIRE

L'eau à la bouche Isaïe 25, 6-10a

Isaïe nous met l'eau à la bouche avec ce réveillon de la fin des temps où Dieu nous convie. Et il met les petits plats dans les grands, il y a surabondance ! C'est à venir et déjà là, cette manière de Dieu de multiplier le don. C'est sa joie de nous rassasier, lui seul peut nous combler ainsi ! François Xavier, fêté hier, a trouvé en Dieu son rassasiement, pour ces biens-là, il a tout quitté. ■

Colette Hamza, *xavière*

❊ CLÉ DE LECTURE

« Tous furent rassasiés » Matthieu 15, 37 *(p. 42)*

Jésus était nourri des textes de l'Écriture, il connaît bien la vision qu'Isaïe donne du banquet de la fin des temps dans un monde réconcilié ; il lui arrive d'évoquer ce festin des peuples avec les patriarches d'Israël ou d'utiliser l'image du banquet dans une parabole. Mais ici, il va plus loin : il met en œuvre la vision d'Isaïe, il l'incarne au sens fort, en nourrissant les foules qui le suivent, mettant en lui tout leur espoir d'une vie meilleure. On peut penser que le signe reste fragile, ces foules auront faim demain, mais on peut aussi y voir, dans le plus modeste des cadres, la réalisation de l'impossible de Dieu. Le vocabulaire de l'action de grâce est déjà celui de l'eucharistie, le repas du Seigneur que nous sommes chargés d'ouvrir à tous. ■

Roselyne Dupont-Roc, *bibliste*

JEUDI 5 DÉCEMBRE 2024

1RE SEMAINE DE L'AVENT COULEUR LITURGIQUE : VIOLET

Temps de l'Avent, *messe de la férie*

Antienne d'ouverture

Toi, Seigneur, tu es proche,
tout dans tes ordres est vérité.
Depuis longtemps je le sais :
tu as fondé pour toujours tes exigences.
(Ps 118, 151-152)

Prière

Réveille, Seigneur, ta puissance, et viens à notre secours avec grande force, afin que le salut retardé par nos fautes soit hâté par la grâce de ton pardon. Par Jésus… ***— Amen.***

Lecture

du livre du prophète Isaïe (26, 1-6)

« Elle entrera, la nation juste, qui se garde fidèle »

En ce jour-là, ce cantique sera chanté dans le pays de Juda : Nous avons une ville forte ! Le Seigneur a mis pour sauvegarde muraille et avant-mur. Ouvrez les portes ! Elle entrera, la nation juste, qui se garde fidèle. Immuable en ton dessein, tu préserves la paix, la paix de qui s'appuie sur toi. Prenez appui sur le Seigneur, à jamais, sur lui, le

Seigneur, le Roc éternel. Il a rabaissé ceux qui siégeaient dans les hauteurs, il a humilié la cité inaccessible, l'a humiliée jusqu'à terre, et lui a fait mordre la poussière. Elle sera foulée aux pieds, sous le pied des pauvres, les pas des faibles.
– Parole du Seigneur.

Psaume 117 (118)

℟ ***Béni soit au nom du Seigneur celui qui vient !***
OU
Alléluia !

Rendez grâce au Seigneur : Il est bon !
Éternel est son amour !
Mieux vaut s'appuyer sur le Seigneur
que de compter sur les hommes ! ℟

Ouvrez-moi les portes de justice :
j'entrerai, je rendrai grâce au Seigneur.
« C'est ici la porte du Seigneur :
qu'ils entrent, les justes ! » ℟

Je te rends grâce car tu m'as exaucé :
tu es pour moi le salut.
Donne, Seigneur, donne le salut !
Donne, Seigneur, donne la victoire ! ℟

Béni soit au nom du Seigneur
celui qui vient !
De la maison du Seigneur,
nous vous bénissons ! ℟

Acclamation de l'Évangile

Alléluia, Alléluia. Cherchez le Seigneur, tant qu'il se laisse trouver ; invoquez-le, tant qu'il est proche ! ***Alléluia.***

Évangile de Jésus Christ

selon saint Matthieu (7, 21.24-27)

« Pour entrer dans le royaume des Cieux, il faut faire la volonté de mon Père »

En ce temps-là, Jésus disait à ses disciples : « Ce n'est pas en me disant : "Seigneur, Seigneur !" qu'on entrera dans le royaume des Cieux, mais c'est en faisant la volonté de mon Père qui est aux cieux. Ainsi, celui qui entend les paroles que je dis là et les met en pratique est comparable à un homme prévoyant qui a construit sa maison sur le roc. La pluie est tombée, les torrents ont dévalé, les vents ont soufflé et se sont abattus sur cette maison ; la maison ne s'est pas écroulée, car elle était fondée sur le roc.

« Et celui qui entend de moi ces paroles sans les mettre en pratique est comparable à un homme insensé qui a construit sa maison sur le sable. La pluie est tombée, les torrents ont dévalé, les vents ont soufflé, ils sont venus battre cette maison ; la maison s'est écroulée, et son écroulement a été complet. »

Prière sur les offrandes

Nous t'offrons, Seigneur, ces dons prélevés sur les bienfaits reçus de toi : nous t'en prions, accueille-les ; puisse la célébration fervente, que tu nous donnes d'accomplir dans le temps présent, nous obtenir la rédemption éternelle. Par le Christ, notre Seigneur. ***— Amen.***

1re préface de l'Avent, p. 241.

Antienne de la communion
Vivons dans le temps présent
avec justice et piété,
attendant que se réalise
la bienheureuse espérance :
la manifestation de la gloire
de notre grand Dieu.
(Tt 2, 12-13)

Prière après la communion
Nous t'en prions, Seigneur, fais fructifier en nous les mystères que nous avons célébrés : tandis que nous marchons dans ce monde qui passe, tu nous enseignes par eux à aimer dès maintenant les biens du ciel, et à nous attacher à ceux qui demeurent. Par le Christ, notre Seigneur. — ***Amen.***

INVITATION

La fête des Lumières débute aujourd'hui à Lyon.
Et si je posais un lumignon allumé à ma fenêtre pour remercier Marie ?

COMMENTAIRE

Des fondations solides Isaïe 26, 1-6

Quand nos chemins sont chaotiques, que tout semble s'effondrer, que règne la division, que la pauvreté s'installe, que la paix peine à venir, s'appuyer sur Dieu ! Il n'empêchera pas les tempêtes de souffler, mais, lorsqu'elles souffleront, il nous fera tenir. Il nous tiendra sur le roc de sa parole. « Prenez appui sur le Seigneur à jamais. » Que ce soit notre refrain pour fonder en lui nos vies. ■

***Colette Hamza**, xavière*

VENDREDI 6 DÉCEMBRE 2024

1RE SEMAINE DE L'AVENT COULEUR LITURGIQUE : VIOLET

Temps de l'Avent, *messe de la férie*
ou **saint Nicolas**

Antienne d'ouverture

Voici que le Seigneur viendra avec splendeur,
pour visiter son peuple dans la paix et lui donner la vie éternelle.

Prière

Réveille, Seigneur, ta puissance, et viens : afin que, sous ta protection, nous puissions être délivrés des dangers imminents où nous mettent nos péchés, et sauvés par toi, notre libérateur. Toi qui… — ***Amen.***

Lecture

du livre du prophète Isaïe (29, 17-24)

« En ce jour-là, les yeux des aveugles verront »

Ainsi parle le Seigneur Dieu : Ne le savez-vous pas ? Encore un peu, très peu de temps, et le Liban se changera en verger, et le verger sera pareil à une forêt. Les sourds, en ce jour-là, entendront les paroles du livre. Quant aux aveugles, sortant de l'obscurité et des ténèbres, leurs yeux verront. Les humbles se réjouiront de plus en plus dans le Seigneur, les malheureux exulteront en Dieu, le Saint d'Israël. Car ce sera la fin des tyrans, l'extermination des moqueurs, et seront supprimés tous ceux qui s'empressent à mal faire, ceux qui font condamner quelqu'un

par leur témoignage, qui faussent les débats du tribunal et sans raison font débouter l'innocent. C'est pourquoi le Seigneur, lui qui a libéré Abraham, parle ainsi à la maison de Jacob : « Désormais Jacob n'aura plus de honte, son visage ne pâlira plus ; car, quand il verra chez lui ses enfants, l'œuvre de mes mains, il sanctifiera mon nom, il sanctifiera le Dieu saint de Jacob, il tremblera devant le Dieu d'Israël. Les esprits égarés découvriront l'intelligence, et les récalcitrants accepteront qu'on les instruise. »
– Parole du Seigneur.

Psaume 26 (27)

℟ ***Le Seigneur est ma lumière et mon salut.***

Le Seigneur est ma lumière et mon salut ;
de qui aurais-je crainte ?
Le Seigneur est le rempart de ma vie ;
devant qui tremblerais-je ? ℟

J'ai demandé une chose au Seigneur,
la seule que je cherche :
habiter la maison du Seigneur
tous les jours de ma vie. ℟

J'en suis sûr, je verrai les bontés du Seigneur
sur la terre des vivants.
« Espère le Seigneur,
sois fort et prends courage ;
espère le Seigneur. » ℟

Acclamation de l'Évangile

Alléluia, Alléluia. Voici qu'il vient avec puissance, notre Seigneur, pour éclairer les yeux de ses serviteurs. ***Alléluia.***

Évangile de Jésus Christ

selon saint Matthieu (9, 27-31)

Croyant en Jésus, deux aveugles sont guéris

En ce temps-là, Jésus était en route ; deux aveugles le suivirent, en criant : « Prends pitié de nous, fils de David ! » Quand il fut entré dans la maison, les aveugles s'approchèrent de lui, et Jésus leur dit : « Croyez-vous que je peux faire cela ? » Ils lui répondirent : « Oui, Seigneur. » Alors il leur toucha les yeux, en disant : « Que tout se passe pour vous selon votre foi ! »

Leurs yeux s'ouvrirent, et Jésus leur dit avec fermeté : « Attention ! que personne ne le sache ! » Mais, une fois sortis, ils parlèrent de lui dans toute la région.

Prière sur les offrandes

Laisse-toi fléchir, Seigneur, par nos offrandes et nos humbles prières ; nous ne pouvons pas invoquer nos mérites, viens par ta grâce à notre secours. Par le Christ, notre Seigneur. ***— Amen.***

1re préface de l'Avent, p. 241.

Antienne de la communion

Nous attendons comme sauveur
le Seigneur Jésus Christ,
lui qui transformera
nos pauvres corps
à l'image de son corps glorieux.
(Ph 3, 20-21)

Prière après la communion

Comblés par cette nourriture spirituelle, nous te supplions, Seigneur : quand nous participons à ce mystère, apprends-nous à évaluer avec sagesse les réalités de ce monde et à nous attacher aux biens du ciel. Par le Christ, notre Seigneur. ***— Amen.***

INVITATION

« Que tout se passe pour vous selon votre foi ! »
Je prie l'Esprit Saint qu'il affermisse ma foi et mon espérance.

COMMENTAIRE

La libération arrive ! Isaïe 29, 17-24

« Encore un peu de temps, très peu de temps, et [...] ce sera la fin des tyrans. » Des tyrans sont à la tête de pays. Il y a aussi la tyrannie du quotidien, petits pouvoirs que nous exerçons. Tyrannie des objets, des modes, de la consommation que nous subissons. Encore un peu de temps... Laissons-le à Dieu pour guérir nos surdités et nos aveuglements, nous libérer. Là est la joie des humbles. ■

***Colette Hamza**, xavière*

SAMEDI 7 DÉCEMBRE 2024

1RE SEMAINE DE L'AVENT COULEUR LITURGIQUE : BLANC

Saint Ambroise

340-397. Évêque de Milan, conseiller intransigeant de l'empereur Théodose, il joua un rôle capital dans la conversion de saint Augustin. Docteur de l'Église.

Antienne d'ouverture

Dans son Église, le Seigneur lui a donné la parole ;
il l'a rempli de l'esprit de sagesse et d'intelligence,
et l'a revêtu de gloire. (cf. Si 15, 5)

Prière

Seigneur Dieu, tu as fait du bienheureux évêque Ambroise un docteur de la foi catholique et un modèle de courage digne des Apôtres ; suscite en ton Église des hommes selon ton cœur, qui la gouvernent avec courage et sagesse. Par Jésus…
— Amen.

Lecture

du livre du prophète Isaïe (30, 19-21.23-26)

« Le Seigneur te fera grâce. Dès qu'il t'aura entendu, il te répondra »

Ainsi parle le Seigneur, le Dieu saint d'Israël : Peuple de Sion, toi qui habites Jérusalem*, tu ne pleureras jamais plus. À l'appel de ton cri, le Seigneur te fera grâce. Dès qu'il t'aura entendu, il te répondra. Le Seigneur te donnera du pain dans la détresse, et de l'eau dans l'épreuve. Celui qui t'instruit ne se dérobera plus et tes yeux le verront. Tes oreilles entendront derrière toi une parole : « Voici le chemin, prends-le ! », et cela, que

tu ailles à droite ou à gauche. Le Seigneur te donnera la pluie pour la semence que tu auras jetée en terre, et le pain que produira la terre sera riche et nourrissant. Ton bétail ira paître, ce jour-là, sur de vastes pâturages. Les bœufs et les ânes qui travaillent dans les champs mangeront un fourrage salé, étalé avec la pelle et la fourche. Sur toute haute montagne, sur toute colline élevée couleront des ruisseaux, au jour du grand massacre, quand tomberont les tours de défense. La lune brillera comme le soleil, le soleil brillera sept fois plus, – autant que sept jours de lumière – le jour où le Seigneur pansera les plaies de son peuple et guérira ses meurtrissures.

– Parole du Seigneur.

Psaume 146 (147A)

℟ ***Heureux tous ceux qui attendent le Seigneur !***

OU

Alléluia !

Il est bon de fêter notre Dieu,
il est beau de chanter sa louange !
Le Seigneur rebâtit Jérusalem,
il rassemble les déportés d'Israël. ℟

Il guérit les cœurs brisés
et soigne leurs blessures.
Il compte le nombre des étoiles,
il donne à chacune un nom. ℟

Il est grand, il est fort, notre Maître :
nul n'a mesuré son intelligence.
Le Seigneur élève les humbles
et rabaisse jusqu'à terre les impies. ℟

Acclamation de l'Évangile

Alléluia, Alléluia. Le Seigneur est notre juge, il nous donne des lois, le Seigneur est notre roi : c'est lui qui nous sauve. ***Alléluia.***

Évangile de Jésus Christ

selon saint Matthieu (9, 35 – 10, 1.5a.6-8)

« Voyant les foules, Jésus fut saisi de compassion »

En ce temps-là, Jésus parcourait toutes les villes et tous les villages, enseignant dans leurs synagogues, proclamant l'Évangile du Royaume et guérissant toute maladie et toute infirmité. Voyant les foules, Jésus fut saisi de compassion envers elles parce qu'elles étaient désemparées et abattues comme des brebis sans berger. Il dit alors à ses disciples : « La moisson est abondante, mais les ouvriers sont peu nombreux. Priez donc le maître de la moisson d'envoyer des ouvriers pour sa moisson. » Alors Jésus appela ses douze disciples et leur donna le pouvoir d'expulser les esprits impurs et de guérir toute maladie et toute infirmité. Ces douze, Jésus les envoya en mission avec les instructions suivantes : « Allez vers les brebis perdues de la maison d'Israël. Sur votre route, proclamez que le royaume des Cieux est tout proche. Guérissez les malades, ressuscitez les morts, purifiez les lépreux, expulsez les démons. Vous avez reçu gratuitement : donnez gratuitement. »

Prière sur les offrandes

Tandis que nous célébrons tes mystères, Seigneur, que ton Esprit Saint répande sur nous la lumière de la foi, dont il n'a cessé d'éclairer le bienheureux Ambroise pour que rayonne ta gloire. Par le Christ, notre Seigneur. ***— Amen.***

1re préface de l'Avent, p. 241.

Antienne de la communion

Qui murmure la loi du Seigneur
jour et nuit donne du fruit
en son temps.
(cf. Ps 1, 2-3)

Prière après la communion

Puisque tu nous as fortifiés, Seigneur, par la puissance de ce sacrement, fais-nous si bien profiter des enseignements du bienheureux Ambroise que notre ardeur à suivre avec courage tes chemins nous prépare aux délices du banquet éternel. Par le Christ, notre Seigneur. ***— Amen.***

INVITATION

Aujourd'hui, je peux commencer à installer ma crèche
pour me préparer à accueillir l'Enfant Jésus.

COMMENTAIRE

Penché sur ses enfants

Isaïe 30, 19-21.23-26

Dieu est ce visage de compassion, penché sur chacun de ses enfants, tel qu'il est, là où il en est. Écoutons et laissons-nous guider : « Voici le chemin, prends-le ! » C'est pour toi, aujourd'hui. Il entend ton cri, ta faim, ta soif, tes pleurs, tes angoisses, tes blessures. Il ne se dérobe pas, il prend soin de toi. Alors ne te dérobe pas ! C'est à travers ceux et celles qu'il envoie que Dieu console et guérit. ■

***Colette Hamza,** xavière*

✻ CLÉ DE LECTURE

« Qui habites Jérusalem »

Isaïe 30, 19 *(p. 53)*

Jérusalem, ville de David, capitale du royaume de Juda, reste debout après la chute de Samarie (721 av. J.-C.). Menacée au point que ses dirigeants perdent courage, elle est sauvée in extremis des armées assyriennes en 701. Même si elle tombe quelque cent trente ans plus tard sous les coups des Babyloniens, c'est vers elle que reviendront les exilés. Encore six siècles, et les évangélistes verront sa destruction par les Romains. Et pourtant, la ville garde dans sa mémoire et dans ses Écritures une promesse qui lui permet de traverser les pires vicissitudes et les pires abandons : la promesse d'un avenir de réconciliation et de paix, qui s'étend à la nature entière. Jérusalem réconciliée, c'est la Création restaurée, le monde un jour sauvé ! ■

***Roselyne Dupont-Roc,** bibliste*

DIMANCHE 8 DÉCEMBRE 2024

2e DIMANCHE DE L'AVENT

ANNÉE C – COULEUR LITURGIQUE : VIOLET

« Préparez le chemin du Seigneur, rendez droits ses sentiers. » Luc 3, 4

Préparer. Notre attente du Sauveur ne doit pas être passive, au contraire. Il nous faut préparer le chemin du Seigneur pour qu'il vienne jusqu'à nous. Dieu l'a décidé et Jean Baptiste est chargé de nous le rappeler. Ne perdons pas de temps, mettons-nous au travail et réjouissons-nous, le Seigneur vient sauver tous les hommes.

RITES INITIAUX

Chant d'entrée *(Suggestions p. 263)*
OU
Antienne d'ouverture
Peuple de Sion, voici que le Seigneur va venir
pour sauver les nations. Il fera entendre sa voix majestueuse
pour la joie de vos cœurs. (cf. Is 30, 19.30)

Suggestion de préparation pénitentielle *(ou p. 235)*
Frères et sœurs, pour préparer le chemin de nos cœurs, faisons la vérité sur nos vies et confions-nous à la miséricorde du Seigneur. Reconnaissons notre péché.

Seigneur Jésus, envoyé par le Père pour nous dire sa miséricorde, tu nous conduis sur les chemins de la vie. Kyrie, eleison.
— Kyrie, eleison.

Ô Christ, toi qui ne cesses de nous appeler à la conversion, tu ouvres en notre monde des chemins de justice et de paix. Christe, eleison.
— Christe, eleison.

Seigneur, toi qui nous parles aujourd'hui encore par les prophètes tu nous redis sans cesse ton amour. Kyrie, eleison.
— Kyrie, eleison.

Que Dieu tout-puissant nous fasse miséricorde ; qu'il nous pardonne nos péchés et nous conduise à la vie éternelle. ***— Amen.***

Pendant l'Avent, on omet le Gloire à Dieu.

Prière

Dieu de puissance et de miséricorde, ne laisse pas le souci de nos tâches présentes entraver la marche de ceux qui se hâtent à la rencontre de ton Fils; mais forme-nous à la sagesse d'en-haut, qui nous fait entrer en communion avec lui. Lui qui… ***— Amen.***

LITURGIE DE LA PAROLE

Lecture du livre du prophète Baruc (5, 1-9)

« Dieu va déployer ta splendeur »

Jérusalem, quitte ta robe de tristesse et de misère, et revêts la parure de la gloire de Dieu pour toujours, enveloppe-toi dans le manteau de la justice de Dieu, mets sur ta tête le diadème de la gloire de l'Éternel. Dieu va déployer ta splendeur partout sous le ciel, car Dieu, pour toujours, te donnera ces noms : « Paix-de-la-justice » et « Gloire-de-la-piété-envers-Dieu ». Debout, Jérusalem ! tiens-toi sur la hauteur, et regarde vers l'orient : vois tes enfants rassemblés du couchant au levant par la parole du Dieu Saint; ils se réjouissent parce que Dieu se souvient. Tu les avais vus partir à pied, emmenés par les ennemis, et Dieu te les ramène, portés en triomphe, comme sur un trône royal. Car Dieu a décidé que les hautes montagnes et les collines éternelles seraient abaissées, et

que les vallées seraient comblées : ainsi la terre sera aplanie, afin qu'Israël chemine en sécurité dans la gloire de Dieu. Sur l'ordre de Dieu, les forêts et les arbres odoriférants donneront à Israël leur ombrage ; car Dieu conduira Israël dans la joie, à la lumière de sa gloire, avec sa miséricorde et sa justice. – Parole du Seigneur.

Psaume 125 (126)

℟ ***Quelles merveilles le Seigneur fit pour nous : nous étions en grande fête !***

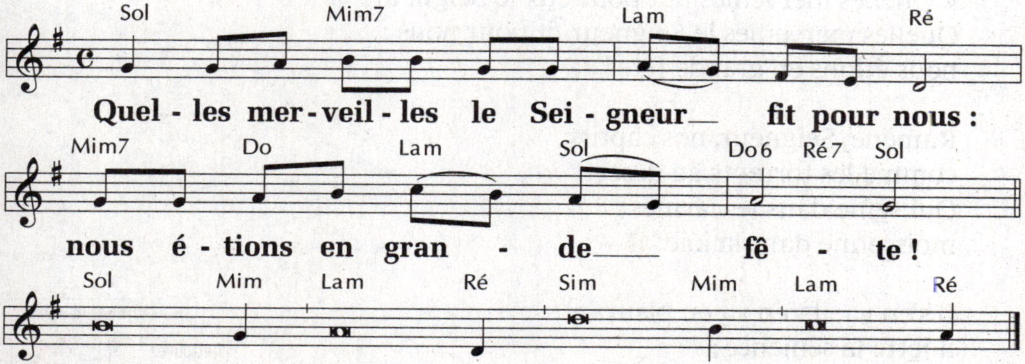

T. : AELF; M. : M. Wackenheim; Éd. : ADF.

℟ ***Quelles merveilles le Seigneur fit pour nous :***
nous étions en grande fête !

Quand le Seigneur ramena les captifs à Sion,
nous étions comme en rêve !
Alors notre bouche était pleine de rires,
nous poussions des cris de joie. ℟

Alors on disait parmi les nations :
« Quelles merveilles fait pour eux le Seigneur ! »
Quelles merveilles le Seigneur fit pour nous :
nous étions en grande fête ! ℟

Ramène, Seigneur, nos captifs,
comme les torrents au désert.
Qui sème dans les larmes
moissonne dans la joie. ℟

Il s'en va, il s'en va en pleurant,
il jette la semence ;
il s'en vient, il s'en vient dans la joie,
il rapporte les gerbes. ℟

Lecture de la lettre de saint Paul apôtre aux Philippiens (1, 4-6.8-11)

« Dans la droiture, marchez sans trébucher vers le jour du Christ »

Frères, à tout moment, chaque fois que je prie pour vous tous, c'est avec joie que je le fais, à cause de votre communion avec moi, dès le premier jour jusqu'à maintenant, pour l'annonce de l'Évangile. J'en suis persuadé, celui qui a commencé en vous un si beau travail le continuera jusqu'à son achèvement au jour où viendra le Christ Jésus. Oui, Dieu est témoin de ma vive affection pour vous tous dans la tendresse du Christ Jésus. Et, dans ma prière, je demande que votre amour vous fasse progresser de plus en plus dans la pleine connaissance et en toute clairvoyance pour discerner ce qui est important. Ainsi, serez-vous purs et irréprochables pour le jour du Christ, comblés du fruit de la justice qui s'obtient par Jésus Christ, pour la gloire et la louange de Dieu.

– Parole du Seigneur.

Acclamation de l'Évangile

Alléluia. Alléluia. Préparez le chemin du Seigneur, rendez droits ses sentiers : tout être vivant verra le salut de Dieu. ***Alléluia.***

T. : AELF; M. : P. Robert.

Évangile de Jésus Christ selon saint Luc (3, 1-6)

« Tout être vivant verra le salut de Dieu »

L'an quinze du règne de l'empereur Tibère, Ponce Pilate étant gouverneur de la Judée, Hérode étant alors au pouvoir en Galilée, son frère Philippe dans le pays d'Iturée et de Traconitide, Lysanias en Abilène, les grands prêtres étant Hanne et Caïphe, la parole de Dieu fut adressée dans le désert à Jean, le fils de Zacharie. Il parcourut toute la région du Jourdain, en proclamant un baptême de conversion pour le pardon des péchés, comme il est écrit dans le livre des oracles d'Isaïe, le prophète : ***Voix de celui qui crie dans le désert : Préparez le chemin du Seigneur, rendez droits ses***

sentiers. Tout ravin sera comblé, toute montagne et toute colline seront abaissées ; les passages tortueux deviendront droits, les chemins rocailleux seront aplanis ; et tout être vivant verra le salut de Dieu.

Homélie

Profession de foi *(p. 238)*

Suggestion de prière universelle

Le prêtre :

En ce deuxième dimanche de l'Avent, prions Dieu notre Père pour tous les habitants du monde, spécialement pour les artisans de justice et de paix.

℟ ***Entends nos appels et sauve-nous !***

Le diacre ou un lecteur :

Seigneur, revêts de joie ton Église. Qu'elle témoigne avec courage et créativité de la Bonne Nouvelle à ceux qui n'osent plus espérer, nous t'en supplions. ℟

℟ ***Entends nos appels et sauve-nous !***

Seigneur, donne ta lumière à tous ceux qui exercent des responsabilités politiques. Qu'ils ne cherchent pas leur intérêt mais qu'ils donnent la priorité aux plus pauvres, nous t'en supplions. ℟

Seigneur, éloigne des personnes en souffrance la tentation de l'isolement et du désespoir. Montre-leur un chemin d'avenir, une espérance nouvelle, nous t'en supplions. ℟

Seigneur, accompagne notre assemblée en marche vers la paix et la lumière de la crèche. Que le temps de l'Avent régénère en nos cœurs l'amour envers nos frères, nous t'en supplions. ℟

(Ces intentions seront adaptées ou modifiées selon les circonstances. On peut aussi s'inspirer de l'intention universelle du Saint-Père, p. 6.)

Le prêtre :

Dieu notre Père, vois tes enfants en quête de paix pour le monde. Écoute la prière que nous t'adressons et daigne nous exaucer, par le Christ, notre Seigneur. — ***Amen.***

LITURGIE EUCHARISTIQUE

Prière sur les offrandes

Laisse-toi fléchir, Seigneur, par nos offrandes et nos humbles prières ; nous ne pouvons pas invoquer nos mérites, viens par ta grâce à notre secours. Par le Christ, notre Seigneur. — ***Amen.***

Prière eucharistique *(1re préface de l'Avent, p. 241)*

Chant de communion *(Suggestions p. 263)*
OU
Antienne de la communion
Debout, Jérusalem ! tiens-toi sur la hauteur,
et vois l'allégresse qui te vient de ton Dieu.
(Ba 5, 5 ; 4, 36)

Prière après la communion
Comblés par cette nourriture spirituelle, nous te supplions, Seigneur : quand nous participons à ce mystère, apprends-nous à évaluer avec sagesse les réalités de ce monde et à nous attacher aux biens du ciel. Par le Christ, notre Seigneur. — ***Amen.***

RITE DE CONCLUSION

Bénédiction solennelle *(p. 22)*

Envoi

COMMENTAIRE DU DIMANCHE

Tommy Scholtes, prêtre jésuite, *Prions en Église* Belgique

Préparons !

Nul doute que nous sommes occupés à préparer Noël de différentes manières : réunions de famille, crèche et sapin… Moments sympathiques pour beaucoup, mais pas non plus pour tous. En fait, dans la vie, nous allons de promesse en promesse et de fête en fête. Et les fêtes religieuses sont pour tous ! Voilà que nous sommes invités à quitter nos « robes de tristesse » et à nous parer pour la gloire de Dieu, ni plus ni moins. Dieu va se révéler. Il tient sa promesse. Nous serons conduits dans la joie, avec sa miséricorde et sa justice.

Nous nous préparons dans la joie si nous le faisons en communion les uns avec les autres, en solidarité avec les petits et les humbles. En priant aussi les uns pour les autres. Ce temps peut être une croissance dans l'amour profond que nous avons les uns

pour les autres, en discernant ce qui est le plus important pour nous, et le plus important pour Dieu.
Oui, « tout être vivant verra le salut de Dieu » ! Entendons bien la parole d'Isaïe rapportée dans l'évangile de saint Luc aujourd'hui. « Préparez le chemin du Seigneur »... par notre vie, par nos actes. C'est un travail à mener. Contribuons à rendre droits les sentiers du Seigneur. Tout obstacle qui empêche le Seigneur de se révéler, de le connaître, tous ces obstacles sont aujourd'hui levés. Parce qu'il est venu. Il a tenu sa promesse. Tout être vivant est invité aujourd'hui à voir le salut de Dieu. Nous le découvrirons dans une étable, « Roi d'humilité ».

Quels sont les obstacles que je découvre en moi, autour de moi, que je pourrais relever pour voir le Seigneur ?

Comment puis-je revenir à la source de ma vocation chrétienne, l'Évangile, qui me donne de vivre de Jésus plus intensément ? ■

LIRE L'ÉVANGILE AVEC LES ENFANTS

CE QUE JE DÉCOUVRE

Jean Baptiste cherche-t-il des ingénieurs pour construire des autoroutes, des tunnels sous les montagnes et des ponts au-dessus des vallées ? Jésus pourrait aller plus vite de ville en ville pour annoncer la Bonne Nouvelle… Non, **les chemins à préparer ne sont pas des routes, mais nos cœurs**. Se préparer à Noël, c'est **enlever de nos cœurs ce qui nous empêche de prier Dieu, de l'aimer et de le suivre.** C'est aussi en ôter ce qui nous empêche d'aimer les autres et de leur donner de la joie.

CE QUE JE VIS

Comment ta famille prépare-t-elle Noël ?
Et toi, comment te prépares-tu à accueillir Jésus à Noël ?
Chaque jour, écris une belle parole de Jésus sur un carton décoré. Tu peux ensuite attacher les cartons et en faire peu à peu une guirlande.

Texte : Thibault Van Den Driessche. Illustrations : Marcelino Truong

MÉDITATION BIBLIQUE

2E DIMANCHE DE L'AVENT

Livre du prophète Baruc 5, 1-9

Dieu se souvient

C'est parce que Dieu s'est souvenu et est intervenu que nous pouvons faire mémoire de sa venue dans notre chair et de son retour à la fin des temps. Baruc, un livre à l'histoire complexe, fait entendre un appel à se réjouir dès à présent, sachant que Dieu est fidèle en tout ce qu'il promet.

Le temps de la préparation

« Celui qui a semé dans les larmes moissonnera dans la joie. » (Ps 125, 5)

Le temps de l'observation

Le texte s'adresse à une Jérusalem vaincue qui a toutes les raisons de ressentir de la tristesse et une insécurité minante, toutes les raisons de pleurer ses exilés. C'est au creuset de cette « misère », de l'expérience d'une perte, que se fait entendre l'appel de Dieu : « quitte ta robe de tristesse […] et revêts la parure de la gloire de Dieu », en vertu de la délivrance « qu'il te promet ». Prostrée, Jérusalem est également invitée à se lever, à regarder vers l'Orient d'où reviendront les exilés rassemblés par « la parole du Dieu saint ». Car si l'initiative du salut vient •••

… de Dieu qui « se souvient » et va agir en conséquence, de Dieu qui a « décidé » de mettre un terme à ce qui menace Israël et de lui donner pour escorte « sa miséricorde et sa justice », Jérusalem est sommée de « se bouger », de poser des actes qui témoignent de sa confiance en Dieu, qui « ne veut pas la mort du pécheur ». Et cela, alors que la promesse est encore en attente de sa réalisation.

Le temps de la méditation

Nous « avons été sauvés, mais c'est en espérance » (cf. Rm 8, 24). Et c'est bien ce que nous rappellent l'état du monde et notre propre cheminement. Quant au temps de l'Avent, ne nous invite-t-il pas à cultiver l'espérance, à nous tenir debout, à confronter ce qui nous « manque douloureusement », à nous réjouir aussi de ce que nous recevrons et de ce que nous avons reçu car, ayant « revêtu le Christ » (Ga 3, 27), nous participons déjà à sa vie ? Qui dit espérance dit combat spirituel pour ne pas tromper l'attente quand elle se prolonge, pour ne pas sombrer dans l'indifférence, la tristesse voire la désespérance. Appel donc à choisir la confiance, une confiance fondée sur les hauts faits de Dieu tels que nous les rapporte l'Écriture et tels que nous avons pu les expérimenter dans nos vies. Comme le dit saint Grégoire le Grand, « la porte se fait large pour ceux qui aiment » – la dilatation du cœur étant un autre nom de la joie.

Le temps de la prière

« Moi, je suis sûr de toi, Seigneur, je dis : "Tu es mon Dieu !" » (Ps 31, 15) ■

Emmanuelle Billoteau,
ermite

L'ÉVÉNEMENT

8 DÉCEMBRE : RÉOUVERTURE DE NOTRE-DAME DE PARIS

Notre-Dame rouvre !

Ce week-end, la cathédrale Notre-Dame de Paris rouvre ses portes au public. Cinq ans après l'incendie des 15 et 16 avril 2019, l'édifice renaît de ses cendres.

Notre-Dame de Paris, septembre 2024.

À partir de ce week-end, Notre-Dame de Paris rouvre ses portes au public, après cinq années de travaux réalisés à la suite de l'incendie de 2019. « Deux temps forts sont prévus », explique Olivier Ribadeau Dumas, recteur archiprêtre de la cathédrale de Paris. Le premier est l'octave du 8 au 15 décembre, le second, le triduum pascal, du 18 au 20 avril 2025. Une célébration est organisée samedi soir, •••

... en présence de personnalités publiques dont le président de la République, des invités du diocèse et des Parisiens. Un office et un Te Deum sont chantés lors de la célébration du « réveil de l'orgue ». Le lendemain, 8 décembre, jour de la réouverture officielle, la messe est présidée par l'archevêque de Paris, monseigneur Laurent Ulrich. Chaque jour de l'octave, durant la messe, un public spécifique est attendu : donateurs, artisans, associations caritatives, séminaristes de Paris, etc. À chaque célébration, tous les fidèles sont conviés. Il suffit de s'inscrire sur l'application Compagnon de visite, afin de gérer les flux. « Cette réouverture est placée sous le signe de l'espérance », confie Olivier Ribadeau Dumas, qui lie cet évènement à l'ouverture du jubilé de Rome 2025, dont le thème est « Pèlerins d'espérance ». « De l'impossible a surgi le possible : nous pensions qu'elle allait s'effondrer et qu'elle ne renaîtrait pas de ses cendres. Finalement, nous nous sommes regroupés pour permettre cette renaissance », poursuit-il avant d'ajouter « C'est un message d'espérance pour notre temps ». ■

Anne-Quitterie Jozeau, journaliste

5 ANS DE TRAVAUX ET PLUS DE 1 000 ARTISANS

Pour réaliser ces travaux de grande ampleur, 250 entreprises ont été mobilisées, soit 1 000 artisans. Parmi eux, nous comptons les charpentiers, restaurateurs de peintures, sculpteurs, tailleurs de pierre. 12 à 15 millions de visiteurs seront attendus chaque année.

LUNDI 9 DÉCEMBRE 2024

COULEUR LITURGIQUE : BLANC

Immaculée Conception de la bienheureuse Vierge Marie

8 - 14

Antienne d'ouverture

Je tressaille de joie dans le Seigneur, mon âme exulte en mon Dieu. Car il m'a vêtue des vêtements du salut, il m'a couverte du manteau de la justice, comme la fiancée que parent ses joyaux. (cf. Is 61, 10)

Gloire à Dieu *(p. 237)*

Prière

Seigneur Dieu, tu as préparé à ton Fils une demeure digne de lui par la conception immaculée de la Vierge, que tu as préservée de tout péché par une grâce venant déjà de la mort de ton Fils ; à son intercession, accorde-nous d'être purs, nous aussi, et de parvenir jusqu'à toi. Par Jésus… ***— Amen.***

Lectures propres à la solennité de l'Immaculée Conception.

Lecture

du livre de la Genèse (3, 9-15.20)

« Je mettrai une hostilité entre ta descendance et la descendance de la femme »

Quand Adam eut mangé du fruit de l'arbre, le Seigneur Dieu l'appela et lui dit : « Où es-tu donc ? » Il répondit : « J'ai entendu ta voix dans le jardin, j'ai pris peur parce que je suis nu, et je me suis caché. »

Le Seigneur reprit : « Qui donc t'a dit que tu étais nu ? Aurais-tu mangé de l'arbre dont je t'avais interdit de manger ? » L'homme répondit : « La femme que tu m'as donnée, c'est elle qui m'a donné du fruit de l'arbre, et j'en ai mangé. » Le Seigneur Dieu dit à la femme : « Qu'as-tu fait là ? » La femme répondit : « Le serpent m'a trompée, et j'ai mangé. » Alors le Seigneur Dieu dit au serpent : « Parce que tu as fait cela, tu seras maudit parmi tous les animaux et toutes les bêtes des champs. Tu ramperas sur le ventre et tu mangeras de la poussière tous les jours de ta vie. Je mettrai une hostilité entre toi et la femme, entre ta descendance et sa descendance : celle-ci te meurtrira la tête, et toi, tu lui meurtriras le talon. » L'homme appela sa femme Ève (c'est-à-dire : la vivante), parce qu'elle fut la mère de tous les vivants.

– Parole du Seigneur.

Psaume 97 (98)

℟ ***Chantez au Seigneur un chant nouveau, car il a fait des merveilles.***

Chantez au Seigneur un chant nouveau,
car il a fait des merveilles ;
par son bras très saint,
par sa main puissante,
il s'est assuré la victoire. ℟

Le Seigneur a fait connaître sa victoire,
et révélé sa justice aux nations ;
il s'est rappelé sa fidélité,
son amour,
en faveur de la maison d'Israël. ℟

La terre tout entière a vu
la victoire de notre Dieu.
Acclamez le Seigneur, terre entière,
sonnez, chantez, jouez ! ℟

Lecture

de la lettre de saint Paul apôtre aux Éphésiens (1, 3-6. 11-12)

« Dieu nous a choisis, dans le Christ, avant la formation du monde »

Béni soit Dieu, le Père de notre Seigneur Jésus Christ ! Il nous a bénis et comblés des bénédictions de l'Esprit, au ciel, dans le Christ. Il nous a choisis, dans le Christ, avant la fondation du monde, pour que nous soyons saints, immaculés devant lui, dans l'amour. Il nous a prédestinés à être, pour lui, des fils adoptifs par Jésus, le Christ. Ainsi l'a voulu sa bonté, à la louange de gloire de sa grâce, la grâce qu'il nous donne dans le Fils bien-aimé. En lui, nous sommes devenus le domaine particulier de Dieu, nous y avons été prédestinés selon le projet de celui qui réalise tout ce qu'il a décidé : il a voulu que nous vivions à la louange de sa gloire*, nous qui avons d'avance espéré dans le Christ.

– Parole du Seigneur.

Acclamation de l'Évangile

Alléluia. Alléluia. Je te salue, Marie, Comblée-de-grâce : le Seigneur est avec toi, tu es bénie entre les femmes. ***Alléluia.***

Évangile de Jésus Christ

selon saint Luc (1, 26-38)

« Je te salue, Comblée-de-grâce, le Seigneur est avec toi »

En ce temps-là, l'ange Gabriel fut envoyé par Dieu dans une ville de Galilée, appelée Nazareth, à une jeune fille vierge, accordée en mariage à un homme de la maison de David, appelé Joseph ; et le nom

de la jeune fille était Marie. L'ange entra chez elle et dit : « Je te salue, Comblée-de-grâce, le Seigneur est avec toi. » À cette parole, elle fut toute bouleversée, et elle se demandait ce que pouvait signifier cette salutation. L'ange lui dit alors : « Sois sans crainte, Marie, car tu as trouvé grâce auprès de Dieu. Voici que tu vas concevoir et enfanter un fils ; tu lui donneras le nom de Jésus. Il sera grand, il sera appelé Fils du Très-Haut ; le Seigneur Dieu lui donnera le trône de David son père ; il régnera pour toujours sur la maison de Jacob, et son règne n'aura pas de fin. » Marie dit à l'ange : « Comment cela va-t-il se faire, puisque je ne connais pas d'homme ? » L'ange lui répondit : « L'Esprit Saint viendra sur toi, et la puissance du Très-Haut te prendra sous son ombre ; c'est pourquoi celui qui va naître sera saint, il sera appelé Fils de Dieu. Or voici que, dans sa vieillesse, Élisabeth, ta parente, a conçu, elle aussi, un fils et en est à son sixième mois, alors qu'on l'appelait la femme stérile. Car rien n'est impossible à Dieu. » Marie dit alors : « Voici la servante du Seigneur ; que tout m'advienne selon ta parole. » Alors l'ange la quitta.

Profession de foi (p. 238)

Prière sur les offrandes

Accueille avec bienveillance, Seigneur, le sacrifice du salut que nous t'offrons en fêtant la conception immaculée de la bienheureuse Vierge Marie ; puisque nous reconnaissons que la prévenance de ta grâce l'a gardée pure de tout péché, accorde-nous, à son intercession, d'être libérés de toute faute. Par le Christ, notre Seigneur. — ***Amen.***

Prière eucharistique

(Préface de l'Immaculée Conception)

Vraiment, il est juste et bon, pour ta gloire et notre salut, de t'offrir notre action de grâce, toujours et en tout lieu, Seigneur, Père très saint, Dieu éternel et tout-puissant. Car tu as préservé la bienheureuse Vierge Marie de toute souillure du péché originel, tu l'as comblée de ta grâce en plénitude pour préparer en elle une mère vraiment digne de ton Fils et manifester l'origine de l'Église, l'Épouse sans tache ni ride, resplendissante de beauté. Cette vierge très pure devait nous donner le Fils, l'Agneau innocent qui effacerait nos fautes. Pour ton peuple, tu la disposais à être, parmi toutes les femmes, l'avocate de la grâce et le modèle de la sainteté. C'est pourquoi, unissant nos voix à celles des anges, nous te louons dans la joie en proclamant : ***Saint ! Saint ! Saint…***

Antienne de la communion

Pour ta gloire, on parle de toi, Marie :
par toi s'est levé le soleil de justice,
le Christ, notre Dieu.
(cf. Ps 86, 3)

Prière après la communion

Que notre participation à ces sacrements, Seigneur notre Dieu, guérisse en nous les blessures de la faute originelle dont tu as préservé de manière unique la bienheureuse Marie en sa conception immaculée. Par le Christ, notre Seigneur. ***— Amen.***

INVITATION

En cette solennité de l'Immaculée Conception, je peux méditer le mystère de l'Annonciation avec une dizaine de chapelet.

COMMENTAIRE

« Réjouis-toi ! » Luc 1, 26-38

« Je te salue, Comblée-de-grâce, le Seigneur est avec toi. » Cette parole de l'ange Gabriel est adressée à Marie, mais chacun d'entre nous peut la recevoir personnellement. « Je te salue », ou plus exactement « Réjouis-toi ». Oui, qui que tu sois, quelles que soient les préoccupations de ce jour, réjouis-toi, car le Seigneur vient te visiter ; il te donne sa grâce, sa vie, son amour. Il est avec toi, comme il était avec Marie. À la suite de l'humble jeune fille de Nazareth, entrons dans la joie de Dieu ! ■

***Bertrand Lesoing,** prêtre de la communauté Saint-Martin*

✻ CLÉ DE LECTURE

« À la louange de sa gloire » Éphésiens 1, 12 *(p. 77)*

Pourquoi ce texte de la lettre aux Éphésiens le jour où l'Église célèbre la promesse faite à Ève, réalisée en Marie ? La lettre, avec une ampleur de vue sidérante, déploie le projet de Dieu depuis la fondation du monde jusqu'à l'avenir glorieux de toute l'humanité. Ce projet est tout entier conduit par le Christ, présent à l'action créatrice qui couvre l'histoire, présent dans les jours de sa chair au tournant de cette histoire, comme Paul l'avait dit sobrement « né d'une femme, né sous la Loi », attirant à lui tous les humains pour les conduire à la perfection en lui. Mais la lettre dépasse la vision paulinienne, en centrant ce dessein sur ceux qui, dans l'histoire, sont chargés de manifester à tous que la gloire de Dieu à l'œuvre dans ce monde leur est offerte. ■

***Roselyne Dupont-Roc,** bibliste*

MARDI 10 DÉCEMBRE 2024

2E SEMAINE DE L'AVENT COULEUR LITURGIQUE : VIOLET

Temps de l'Avent, *messe de la férie*
ou **bienheureuse Vierge Marie de Lorette**

8 - 14

Antienne d'ouverture

Voici que le Seigneur viendra, et tous les saints avec lui ;
on verra, ce jour-là, une grande lumière. (cf. Za 14, 5.7)

Prière

Seigneur Dieu, tu as manifesté jusqu'aux extrémités de la terre celui qui apporte ton salut ; nous t'en prions, accorde-nous d'attendre dans la joie le jour glorieux de sa naissance. Lui qui… — ***Amen.***

Lecture

du livre du prophète Isaïe (40, 1-11)

Dieu console son peuple

Consolez, consolez mon peuple, – dit votre Dieu – parlez au cœur de Jérusalem. Proclamez que son service est accompli, que son crime est expié, qu'elle a reçu de la main du Seigneur le double pour toutes ses fautes. Une voix proclame : « Dans le désert, préparez le chemin du Seigneur ; tracez droit, dans les terres arides, une route pour notre Dieu. Que tout ravin soit comblé, toute montagne et toute colline abaissées ! que les escarpements se changent en plaine, et les sommets, en large vallée ! Alors se révélera la gloire du Seigneur, et tout être de chair verra

que la bouche du Seigneur a parlé. » Une voix dit : « Proclame ! » Et je dis : « Que vais-je proclamer ? » Toute chair est comme l'herbe, toute sa grâce, comme la fleur des champs : l'herbe se dessèche et la fleur se fane quand passe sur elle le souffle du Seigneur. Oui, le peuple est comme l'herbe : l'herbe se dessèche et la fleur se fane, mais la parole de notre Dieu demeure pour toujours.
Monte sur une haute montagne, toi qui portes la bonne nouvelle à Sion. Élève la voix avec force, toi qui portes la bonne nouvelle à Jérusalem. Élève la voix, ne crains pas. Dis aux villes de Juda : « Voici votre Dieu ! » Voici le Seigneur Dieu ! Il vient avec puissance ; son bras lui soumet tout. Voici le fruit de son travail avec lui, et devant lui, son ouvrage. Comme un berger, il fait paître son troupeau : son bras rassemble les agneaux, il les porte sur son cœur, il mène les brebis qui allaitent.
– Parole du Seigneur.

Psaume 95 (96)

℟ ***Voici le Seigneur Dieu ! Il vient avec puissance.***

Chantez au Seigneur un chant nouveau,
chantez au Seigneur, terre entière,
chantez au Seigneur et bénissez son nom ! ℟

Racontez à tous les peuples sa gloire,
allez dire aux nations : « Le Seigneur est roi ! »
Il gouverne les peuples avec droiture. ℟

Joie au ciel ! Exulte la terre !
Les masses de la mer mugissent,
la campagne tout entière est en fête. ℟

Les arbres des forêts dansent de joie
devant la face du Seigneur, car il vient,
car il vient pour juger la terre. ℟

Acclamation de l'Évangile

Alléluia, Alléluia. Il est proche, le jour du Seigneur ; le voici qui vient nous sauver. ***Alléluia.***

Évangile de Jésus Christ

selon saint Matthieu (18, 12-14)

« Dieu ne veut pas qu'un seul de ces petits soit perdu »

En ce temps-là, Jésus disait à ses disciples : « Quel est votre avis ? Si un homme possède cent brebis et que l'une d'entre elles s'égare, ne va-t-il pas laisser les 99 autres dans la montagne pour partir à la recherche de la brebis égarée ? Et, s'il arrive à la retrouver, amen, je vous le dis : il se réjouit pour elle plus que pour les 99 qui ne se sont pas égarées. Ainsi, votre Père qui est aux cieux ne veut pas qu'un seul de ces petits soit perdu. »

Prière sur les offrandes

Laisse-toi fléchir, Seigneur, par nos offrandes et nos humbles prières ; nous ne pouvons pas invoquer nos mérites, viens par ta grâce à notre secours. Par le Christ, notre Seigneur. ***— Amen.***

1re préface de l'Avent, p. 241.

Antienne de la communion

Le Seigneur, le juste juge,
remettra la couronne de justice
à tous ceux qui désirent
avec amour
sa Manifestation glorieuse.
(cf. 2 Tm 4, 8)

Prière après la communion

Comblés par cette nourriture spirituelle, nous te supplions, Seigneur : quand nous participons à ce mystère, apprends-nous à évaluer avec sagesse les réalités de ce monde et à nous attacher aux biens du ciel. Par le Christ, notre Seigneur.

— ***Amen.***

INVITATION

« Chantez au Seigneur un chant nouveau ! »
Je choisis un chant de louange et je prends le temps, plusieurs fois dans la journée, de le chanter, à voix haute ou dans ma tête.

COMMENTAIRE

Les 99 autres

Matthieu 18, 12-14

Quatre-vingt-dix-neuf brebis ont été laissées seules dans la montagne. Que peuvent-elles bien penser et se dire ? Nul doute que l'on trouve parmi elles des râleuses – « Il y en a toujours pour les mêmes et personne ne pense à nous ! » –, des résignées – « Que voulez-vous ? On ne peut rien y changer » –, peut-être aussi des brebis qui voient plus loin : elles perçoivent que le pasteur leur fait confiance, qu'elles peuvent assumer des responsabilités pour le bien du troupeau. Lorsque les pasteurs de l'Église viennent à manquer, de quel côté nous situons-nous ? ■

***Bertrand Lesoing,** prêtre de la communauté Saint-Martin*

MERCREDI 11 DÉCEMBRE 2024

2ᴱ SEMAINE DE L'AVENT COULEUR LITURGIQUE : VIOLET

Temps de l'Avent, *messe de la férie*
ou **saint Damase 1er**

Antienne d'ouverture

Le Seigneur va venir sans tarder éclairer ce que voilent nos ténèbres et se manifester à toutes les nations. (cf. Ha 2, 3 ; 1 Co 4, 5)

Prière

Dieu tout-puissant, tu nous demandes de préparer le chemin du Christ, le Seigneur ; dans ta bonté, ne permets pas que la faiblesse nous accable, nous qui attendons d'être réconfortés par la présence du médecin qui vient du ciel. Lui qui… ***— Amen.***

Lecture

du livre du prophète Isaïe (40, 25-31)

Le Seigneur de l'univers « rend des forces à l'homme fatigué »

À qui pourriez-vous me comparer, qui pourrait être mon égal ? – dit le Dieu saint. Levez les yeux et regardez : qui a créé tout cela ? Celui qui déploie toute l'armée des étoiles, et les appelle chacune par son nom. Si grande est sa force, et telle est sa puissance que pas une seule ne manque.

Jacob, pourquoi dis-tu, Israël, pourquoi affirmes-tu : « Mon chemin est caché au Seigneur, mon droit échappe à mon Dieu » ? Tu ne le sais donc pas, tu ne l'as pas entendu ? Le Seigneur

est le Dieu éternel, il crée jusqu'aux extrémités de la terre, il ne se fatigue pas, ne se lasse pas. Son intelligence est insondable. Il rend des forces à l'homme fatigué, il augmente la vigueur de celui qui est faible. Les garçons se fatiguent, se lassent, et les jeunes gens ne cessent de trébucher, mais ceux qui mettent leur espérance dans le Seigneur trouvent des forces nouvelles ; ils déploient comme des ailes d'aigles, ils courent sans se lasser, ils marchent sans se fatiguer.
– Parole du Seigneur.

Psaume 102 (103)

℟ ***Bénis le Seigneur, ô mon âme !***

Bénis le Seigneur, ô mon âme,
bénis son nom très saint, tout mon être !
Bénis le Seigneur, ô mon âme,
n'oublie aucun de ses bienfaits ! ℟

Car il pardonne toutes tes offenses
et te guérit de toute maladie ;
il réclame ta vie à la tombe
et te couronne d'amour et de tendresse. ℟

Le Seigneur est tendresse et pitié,
lent à la colère et plein d'amour ;
il n'agit pas envers nous selon nos fautes,
ne nous rend pas selon nos offenses. ℟

Acclamation de l'Évangile

Alléluia, Alléluia. Il viendra, le Seigneur, pour sauver son peuple. Heureux ceux qui seront prêts à partir à sa rencontre ! ***Alléluia.***

Évangile de Jésus Christ

selon saint Matthieu (11, 28-30)

« Venez à moi, vous tous qui peinez »

En ce temps-là, Jésus prit la parole : « Venez à moi, vous tous qui peinez sous le poids du fardeau, et moi, je vous procurerai le repos. Prenez sur vous mon joug, devenez mes disciples, car je suis doux et humble de cœur, et vous trouverez le repos pour votre âme. Oui, mon joug est facile à porter, et mon fardeau, léger. »

Prière sur les offrandes

Nous t'en prions, Seigneur, accorde-nous de t'offrir toujours ce sacrifice d'un cœur généreux : qu'il réalise le mystère sacré que tu as institué, et opère en nous ton salut avec puissance. Par le Christ, notre Seigneur. ***– Amen.***

1re préface de l'Avent, p. 241.

Antienne de la communion

Voici le Seigneur Dieu qui vient
avec puissance ; il vient illuminer
le regard de ceux qui le servent.
(Is 40, 10 ; cf. 35, 5)

Prière après la communion

Nous implorons, Seigneur, ta bonté : que ce réconfort divin nous délivre de nos penchants mauvais et nous prépare aux fêtes qui approchent. Par le Christ, notre Seigneur. ***— Amen.***

INVITATION

Et si je passais un peu de temps avec un proche qui ploie sous les difficultés, pour l'aider à reprendre souffle ?

COMMENTAIRE

Le chemin du cœur

Matthieu 11, 28-30

Comment Jésus nous attire-t-il à lui ? Par ses miracles ? Par ses talents de prédicateur et de meneur d'hommes ? Tout cela peut avoir son importance mais reste au fond bien secondaire. Son secret, il nous le livre aujourd'hui : « Je suis doux et humble de cœur. » Et c'est ce cœur doux, humble, aimant et compatissant qui ne cesse de nous appeler à lui. Alors, si les rigueurs de cette vie ont fini par durcir et tanner la peau de notre cœur, si elles nous ont rendus un peu trop froids ou indifférents, retrouvons le chemin qui mène au cœur du Christ ! ■

Bertrand Lesoing, *prêtre de la communauté Saint-Martin*

JEUDI 12 DÉCEMBRE 2024

2E SEMAINE DE L'AVENT COULEUR LITURGIQUE : VIOLET

Temps de l'Avent, *messe de la férie*
ou **bienheureuse Vierge Marie de Guadaloupé**

8 - 14

Antienne d'ouverture

Toi, Seigneur, tu es proche,
tout dans tes ordres est vérité.
Depuis longtemps je le sais :
tu as fondé pour toujours tes exigences.
(Ps 118, 151-152)

Prière

Réveille nos cœurs, Seigneur, pour préparer les chemins de ton Fils unique, afin que, par son avènement, nous puissions te servir d'un esprit purifié. Par Jésus…
— Amen.

Lecture

du livre du prophète Isaïe (41, 13-20)

« Ton rédempteur, c'est le Saint d'Israël »

C'est moi, le Seigneur ton Dieu, qui saisis ta main droite, et qui te dis : « Ne crains pas, moi, je viens à ton aide. » Ne crains pas, Jacob, pauvre vermisseau, Israël, pauvre mortel. Je viens à ton aide – oracle du Seigneur ; ton rédempteur, c'est le Saint d'Israël. J'ai fait de toi un traîneau à battre le grain, tout neuf, à double rang de pointes : tu vas briser

les montagnes, les broyer ; tu réduiras les collines en menue paille ; tu les vanneras, un souffle les emportera, un tourbillon les dispersera. Mais toi, tu mettras ta joie dans le Seigneur ; dans le Saint d'Israël, tu trouveras ta louange.

Les pauvres et les malheureux cherchent de l'eau, et il n'y en a pas ; leur langue est desséchée par la soif. Moi, le Seigneur, je les exaucerai, moi, le Dieu d'Israël, je ne les abandonnerai pas. Sur les hauteurs dénudées je ferai jaillir des fleuves, et des sources au creux des vallées. Je changerai le désert en lac, et la terre aride en fontaines. Je planterai dans le désert le cèdre et l'acacia, le myrte et l'olivier ; je mettrai ensemble dans les terres incultes le cyprès, l'orme et le mélèze, afin que tous regardent et reconnaissent, afin qu'ils considèrent et comprennent que la main du Seigneur a fait cela, que le Saint d'Israël en est le créateur.

– Parole du Seigneur.

Psaume 144 (145)

℟ ***Le Seigneur est tendresse et pitié, lent à la colère et plein d'amour.***

Je t'exalterai, mon Dieu, mon Roi,
je bénirai ton nom toujours et à jamais !
La bonté du Seigneur est pour tous,
sa tendresse, pour toutes ses œuvres. ℟

Que tes œuvres, Seigneur, te rendent grâce
et que tes fidèles te bénissent !
Ils diront la gloire de ton règne,
ils parleront de tes exploits. ℟

Ils annonceront aux hommes tes exploits,
la gloire et l'éclat de ton règne :
ton règne, un règne éternel,
ton empire, pour les âges des âges. ℟

Acclamation de l'Évangile

Alléluia, Alléluia. Ciel, répands ta rosée ! Nuées, faites pleuvoir le juste ! Terre, ouvre-toi, que germe le Sauveur ! ***Alléluia.***

Évangile de Jésus Christ

selon saint Matthieu (11, 11-15)

« Personne ne s'est levé de plus grand que Jean le Baptiste »

En ce temps-là, Jésus déclarait aux foules : « Amen, je vous le dis : Parmi ceux qui sont nés d'une femme, personne ne s'est levé de plus grand que Jean le Baptiste ; et cependant le plus petit dans le royaume des Cieux est plus grand que lui. Depuis les jours de Jean le Baptiste jusqu'à présent, le royaume des Cieux subit la violence, et des violents cherchent à s'en emparer. Tous les Prophètes, ainsi que la Loi, ont prophétisé jusqu'à Jean. Et, si vous voulez bien comprendre, c'est lui, le prophète Élie qui doit venir. Celui qui a des oreilles, qu'il entende ! »

Prière sur les offrandes

Nous t'offrons, Seigneur, ces dons prélevés sur les bienfaits reçus de toi : nous t'en prions, accueille-les ; puisse la célébration fervente, que tu nous donnes d'accomplir dans le temps présent, nous obtenir la rédemption éternelle. Par le Christ, notre Seigneur. ***— Amen.***

1re préface de l'Avent, p. 241.

Antienne de la communion

Vivons dans le temps présent
avec justice et piété, attendant que
se réalise la bienheureuse espérance :
la manifestation de la gloire
de notre grand Dieu.
(Tt 2, 12-13)

Prière après la communion

Nous t'en prions, Seigneur, fais fructifier en nous les mystères que nous avons célébrés : tandis que nous marchons dans ce monde qui passe, tu nous enseignes par eux à aimer dès maintenant les biens du ciel, et à nous attacher à ceux qui demeurent. Par le Christ, notre Seigneur. — ***Amen.***

INVITATION

Je lis la prière de Jean-Paul II à Notre-Dame de Guadaloupé, que je peux trouver sur le site du Vatican www.vatican.va.

COMMENTAIRE

Chercher sans se lasser

Matthieu 11, 11-15

« Celui qui a des oreilles, qu'il entende », nous dit Jésus. Aujourd'hui, le sens de ces paroles semble obscur et difficilement audible. Là où nous attendons une parole douce comme le miel, limpide comme l'eau claire, nous recevons de sa part des mots âpres et rugueux : « Le royaume des Cieux subit la violence, et des violents cherchent à s'en emparer. » Sans doute un appel à chercher quoi qu'il arrive le royaume des Cieux : malgré la rudesse de cette vie, il continue à germer et à éclore. ■

Bertrand Lesoing, *prêtre de la communauté Saint-Martin*

VENDREDI 13 DÉCEMBRE 2024

2e SEMAINE DE L'AVENT COULEUR LITURGIQUE : ROUGE

Sainte Lucie

IIIe-IVe siècles. Jeune chrétienne, martyrisée à Syracuse (Sicile), au moment des persécutions de l'empereur Dioclétien.

Antienne d'ouverture

Voici qu'elle suit l'Agneau, crucifié pour nous,
la vierge fidèle, victime pure, offrande immaculée.
OU
Bienheureuse vierge, renonçant à elle-même
et portant sa croix, elle a imité le Seigneur,
époux des vierges et prince des martyrs.

Prière

Nous t'en prions, Seigneur, que sainte Lucie, vierge et martyre, intercède pour nous dans la gloire et qu'elle ranime notre ferveur, pour que nous chantions aujourd'hui sa naissance au ciel et puissions contempler les réalités éternelles. Par Jésus… ***— Amen.***

Lecture

du livre du prophète Isaïe (48, 17-19)

« Si tu avais prêté attention à mes commandements ! »

Ainsi parle le Seigneur, ton rédempteur, Saint d'Israël : Je suis le Seigneur ton Dieu, je te donne un enseignement utile, je te guide sur le chemin où tu marches. Si seulement tu avais prêté attention

à mes commandements, ta paix serait comme un fleuve, ta justice, comme les flots de la mer. Ta postérité serait comme le sable, comme les grains de sable, ta descendance ; son nom ne serait ni retranché ni effacé devant moi.
– Parole du Seigneur.

Psaume 1

℟ ***Qui marche à ta suite, Seigneur, aura la lumière de la vie.***

Heureux est l'homme qui n'entre pas
au conseil des méchants,
qui ne suit pas le chemin des pécheurs,
ne siège pas avec ceux qui ricanent,
mais se plaît dans la loi du Seigneur
et murmure sa loi jour et nuit ! ℟

Il est comme un arbre planté
près d'un ruisseau,
qui donne du fruit en son temps,
et jamais son feuillage ne meurt ;
tout ce qu'il entreprend réussira.
Tel n'est pas le sort des méchants. ℟

Mais ils sont comme la paille
balayée par le vent.
Le Seigneur connaît le chemin des justes,
mais le chemin des méchants se perdra. ℟

Acclamation de l'Évangile

Alléluia, Alléluia. Le Seigneur vient : allez à sa rencontre ! C'est lui le Prince de la paix. ***Alléluia.***

Évangile de Jésus Christ

selon saint Matthieu (11, 16-19)

Ils n'écoutent ni Jean ni le Fils de l'homme

En ce temps-là, Jésus déclarait aux foules : « À qui vais-je comparer cette génération ? Elle ressemble à des gamins assis sur les places, qui en interpellent d'autres en disant : "Nous vous avons joué de la flûte, et vous n'avez pas dansé. Nous avons chanté des lamentations, et vous ne vous êtes pas frappé la poitrine." Jean est venu, en effet ; il ne mange pas, il ne boit pas, et l'on dit : "C'est un possédé !" Le Fils de l'homme est venu ; il mange et il boit, et l'on dit : "Voilà un glouton et un ivrogne, un ami des publicains et des pécheurs." Mais la sagesse de Dieu a été reconnue juste à travers ce qu'elle fait. »

Prière sur les offrandes

Seigneur, nous te présentons ces offrandes en célébrant sainte Lucie : accepte-les avec bienveillance, nous t'en prions, comme tu as accueilli le combat de son martyre. Par le Christ, notre Seigneur. — ***Amen.***

1re préface de l'Avent, p. 241.

Antienne de la communion

L'Agneau qui se tient au milieu
du Trône les conduira aux sources
des eaux de la vie.
(cf. Ap 7, 17)

Prière après la communion

Seigneur Dieu, tu as donné à sainte Lucie d'être couronnée parmi les saints, au double titre de vierge et de martyre ; par la force de ce sacrement, rends-nous forts pour surmonter le mal et obtenir ainsi la gloire du ciel. Par le Christ, notre Seigneur. — ***Amen.***

INVITATION

Ma paroisse organise peut-être un Noël solidaire. Et si je proposais mon aide ?

COMMENTAIRE

Un regard perçant

Matthieu 11, 16-19

Les foules voient, ou plutôt s'imaginent, qu'elles voient et comprennent. Elles voient Jean Baptiste jeûner, c'est donc un possédé ! Elles voient Jésus manger et boire, c'est donc un glouton ! Mais au fond, ces foules restent profondément aveugles ; les yeux de la chair sont toujours insuffisants. Seuls les yeux de la foi et de l'amour peuvent percer l'écorce des choses et nous permettent d'entrer progressivement dans le regard bienveillant et aimant de Dieu sur chacun de nos frères. ■

Bertrand Lesoing, *prêtre de la communauté Saint-Martin*

SAMEDI 14 DÉCEMBRE 2024

2E SEMAINE DE L'AVENT COULEUR LITURGIQUE : BLANC

Saint Jean de la Croix

1542-1591. Grand poète mystique. À l'invitation de sainte Thérèse d'Avila, il entreprit de réformer la branche masculine du Carmel. Il endura pour cela de nombreuses persécutions.

8 - 14

Antienne d'ouverture

Que la croix de notre Seigneur Jésus Christ soit ma seule fierté. Par elle, le monde est crucifié pour moi, et moi pour le monde. (Ga 6, 14)

Prière

Seigneur Dieu, tu inspiras au prêtre saint Jean le renoncement total à lui-même et un extraordinaire amour de la croix ; accorde-nous de suivre fidèlement son exemple, et de parvenir ainsi à la contemplation éternelle de ta gloire. Par Jésus… ***— Amen.***

Lecture

du livre de Ben Sira le Sage (48, 1-4.9-11)

Élie doit revenir

En ces jours-là, le prophète Élie surgit comme un feu, sa parole brûlait comme une torche. Il fit venir la famine sur Israël, et, dans son ardeur, les réduisit à un petit nombre. Par la parole du Seigneur, il retint les eaux du ciel, et à trois reprises il en fit descendre le feu. Comme tu étais redoutable, Élie, dans tes prodiges ! Qui pourrait se glorifier d'être ton égal ? Toi qui fus enlevé dans un tourbillon de feu par un char aux coursiers de feu ; toi qui fus préparé pour la fin des temps, ainsi qu'il est écrit,

afin d'apaiser la colère avant qu'elle n'éclate, afin de ramener le cœur des pères vers les fils et de rétablir les tribus de Jacob… heureux ceux qui te verront, heureux ceux qui, dans l'amour, se seront endormis ; nous aussi, nous posséderons la vraie vie.
– Parole du Seigneur.

Psaume 79 (80)

℟ ***Dieu, fais-nous revenir ; que ton visage s'éclaire, et nous serons sauvés !***

Berger d'Israël, écoute,
resplendis au-dessus des Kéroubim !
Réveille ta vaillance
et viens nous sauver. ℟

Dieu de l'univers, reviens !
Du haut des cieux, regarde et vois :
visite cette vigne, protège-la,
celle qu'a plantée ta main puissante. ℟

Que ta main soutienne ton protégé,
le fils de l'homme qui te doit sa force.
Jamais plus nous n'irons loin de toi :
fais-nous vivre et invoquer ton nom ! ℟

Acclamation de l'Évangile

Alléluia. Alléluia. Préparez le chemin du Seigneur, rendez droits ses sentiers : tout être vivant verra le salut de Dieu. ***Alléluia.***

Évangile de Jésus Christ

selon saint Matthieu (17, 10-13)

Élie est déjà venu et ils ne l'ont pas reconnu

Descendant de la montagne, les disciples interrogèrent Jésus : « Pourquoi donc les scribes disent-ils que le prophète Élie doit venir d'abord ? »
Jésus leur répondit : « Élie va venir pour remettre toute chose à sa place. Mais, je vous le déclare : Élie est déjà venu ; au lieu de le reconnaître, ils lui ont fait tout ce qu'ils ont voulu. Et de même, le Fils de l'homme va souffrir par eux. » Alors les disciples comprirent qu'il leur parlait de Jean le Baptiste.

Prière sur les offrandes

Dieu tout-puissant, regarde le sacrifice que nous offrons en faisant mémoire de saint Jean de la Croix : donne-nous d'imiter dans notre vie les mystères de la passion du Seigneur que nous célébrons. Lui qui… ***— Amen.***

1re préface de l'Avent, p. 241.

Antienne de la communion

Si quelqu'un veut marcher
à ma suite, dit le Seigneur,
qu'il renonce à lui-même,
qu'il prenne sa croix,
et qu'il me suive.
(cf. Mt 16, 24)

Prière après la communion

Seigneur Dieu, en saint Jean tu as fait resplendir de manière admirable le mystère de la croix ; puisque nous sommes fortifiés par ce sacrifice, accorde-nous de rester fidèlement unis au Christ, et de travailler dans l'Église au salut de tous. Par le Christ, notre Seigneur. ***— Amen.***

INVITATION

Demain sera le dimanche de la joie. Pour la faire rayonner, je pourrais envoyer une phrase de l'Écriture qui me met en joie à des personnes de mon entourage.

COMMENTAIRE

La prophétie

Matthieu 17, 10-13

« Élie va venir pour remettre toute chose à sa place. » Voici une conviction qui était fermement établie parmi les Juifs à l'époque de Jésus : le prophète Élie, emporté sur son char de feu, n'était pas mort et allait revenir. Cette prophétie a-t-elle encore quelque chose à nous dire ? Oui, peut-être : notre histoire, qu'elle soit personnelle, familiale ou ecclésiale, n'est ni une réalité complètement révolue, ni une fatalité qui s'abattrait sur nous. Telle une source venue des profondeurs, elle ne cesse d'irriguer notre présent et de l'ouvrir à l'espérance. ■

__Bertrand Lesoing,__ prêtre de la communauté Saint-Martin

DIMANCHE 15 DÉCEMBRE 2024

3E DIMANCHE DE L'AVENT

ANNÉE C – COULEUR LITURGIQUE : VIOLET OU ROSE

Une joie impérative ? Voilà qui semble paradoxal et, cependant, l'Écriture est formelle. Sophonie appelle Israël à la joie du salut, le psalmiste la chante, et saint Paul la demande aux chrétiens de Philippes. C'est que la joie doit habiter tous les chrétiens, comme le rappelle souvent le pape François. Le Seigneur est proche. Demandons la grâce de cette joie !

RITES INITIAUX

Chant d'entrée *(Suggestions p. 263)*

OU

Antienne d'ouverture

Soyez toujours dans la joie du Seigneur ; je le redis :
soyez dans la joie. Le Seigneur est proche. (Ph 4, 4.5)

Suggestion de préparation pénitentielle *(ou p. 235)*

Frères et sœurs, pour entrer dans cette célébration de l'eucharistie, invoquons la miséricorde du Seigneur et reconnaissons que nous sommes pécheurs.

Seigneur Jésus, tu connais nos inquiétudes, nos faiblesses. Toi qui nous pardonnes et qui nous sauves, tu mets ta joie en nos cœurs, prends pitié de nous.

— Prends pitié de nous.

Ô Christ, tu as vaincu le mal, tu es lumière dans nos ténèbres. Toi qui es notre salut et notre vie, tu mets en nos cœurs l'espérance, prends pitié de nous.

— Prends pitié de nous.

Seigneur, tu connais nos manquements à l'amour envers nos frères. Toi la source du salut, tu ravives en nous la grâce du baptême, prends pitié de nous.

— Prends pitié de nous.

Que Dieu tout-puissant nous fasse miséricorde ; qu'il nous pardonne nos péchés et nous conduise à la vie éternelle. ***— Amen.***

Pendant l'Avent, on omet le Gloire à Dieu.

Prière

Tu le vois, Seigneur Dieu, ton peuple attend avec foi la fête de la naissance de ton Fils ; nous t'en prions, accorde-nous de parvenir au bonheur d'un tel salut, et de le célébrer solennellement avec une joie toujours nouvelle. Par Jésus… ***— Amen.***

LITURGIE DE LA PAROLE

Lecture du livre du prophète Sophonie (3, 14-18a)

« Le Seigneur exultera pour toi et se réjouira »

Pousse des cris de joie, fille de Sion ! Éclate en ovations, Israël ! Réjouis-toi, de tout ton cœur bondis de joie, fille de Jérusalem ! Le Seigneur a levé les sentences qui pesaient sur toi, il a écarté tes ennemis. Le roi d'Israël, le Seigneur, est en toi. Tu n'as plus à craindre le malheur. Ce jour-là, on dira à Jérusalem : « Ne crains pas, Sion ! Ne laisse pas tes mains défaillir ! Le Seigneur ton Dieu est en toi, c'est lui, le héros qui apporte le salut. Il aura en toi sa joie et son allégresse, il te renouvellera par son amour; il exultera pour toi et se réjouira, comme aux jours de fête. » – Parole du Seigneur.

Cantique Isaïe 12, 2-3, 4bcde, 5-6

℟ ***Jubile, crie de joie, car il est grand au milieu de toi, le Saint d'Israël.***

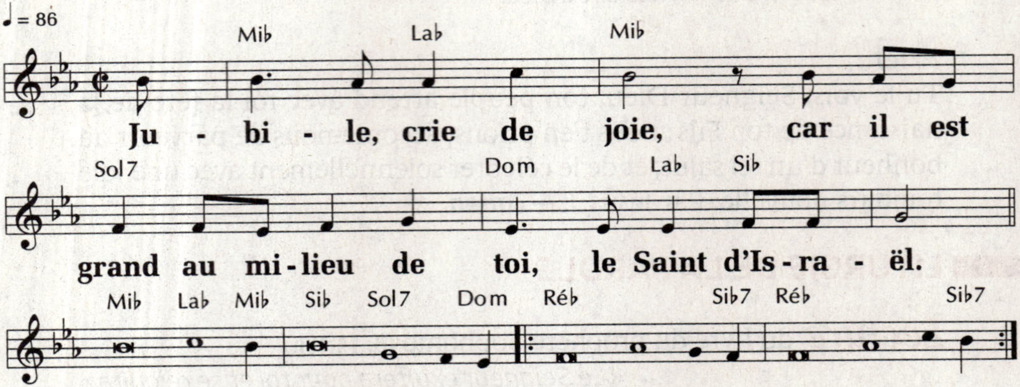

Cette reprise n'est applicable qu'à la première strophe du cantique.

T. : AELF ; M. : G. Previdi ; Éd. : ADF.

Voici le Dieu qui me sauve :
j'ai confiance, je n'ai plus de crainte.
Ma force et mon chant, c'est le Seigneur ;
il est pour moi le salut.
Exultant de joie, vous puiserez les eaux
aux sources du salut. ℟

Retrouvez ce psaume sur le CD "Les psaumes de l'année C"

Rendez grâce au Seigneur,
proclamez son nom,
annoncez parmi les peuples ses hauts faits !
Redites-le : « Sublime est son nom ! » ℟

Jouez pour le Seigneur, il montre sa magnificence,
et toute la terre le sait.
Jubilez, criez de joie, habitants de Sion,
car il est grand au milieu de toi, le Saint d'Israël ! ℟

Lecture de la lettre de saint Paul apôtre aux Philippiens (4, 4-7)

« Le Seigneur est proche »

Frères, soyez toujours dans la joie du Seigneur ; je le redis : soyez dans la joie. Que votre bienveillance soit connue de tous les hommes. Le Seigneur est proche. Ne soyez inquiets de rien, mais, en toute circonstance, priez et suppliez, tout en rendant grâce, pour faire connaître à Dieu vos demandes. Et la paix de Dieu, qui dépasse tout ce qu'on peut concevoir, gardera vos cœurs et vos pensées dans le Christ Jésus.

– Parole du Seigneur.

Acclamation de l'Évangile

Alléluia. Alléluia. L'Esprit du Seigneur est sur moi : il m'a envoyé porter la Bonne Nouvelle aux pauvres. ***Alléluia.***

T. : AELF; M. : P. Robert.

Évangile de Jésus Christ selon saint Luc (3, 10-18)

« Que devons-nous faire ? »

En ce temps-là, les foules qui venaient se faire baptiser par Jean lui demandaient : « Que devons-nous faire ? » Jean leur répondait : « Celui qui a deux vêtements, qu'il partage avec celui qui n'en a pas; et celui qui a de quoi manger, qu'il fasse de même ! » Des publicains (c'est-à-dire des collecteurs d'impôts) vinrent aussi pour être baptisés; ils lui dirent : « Maître, que devons-nous faire ? » Il leur répondit : « N'exigez rien de plus que ce qui vous est fixé. » Des soldats lui demandèrent à leur tour : « Et nous, que devons-nous faire ? » Il leur répondit : « Ne faites violence à personne, n'accusez personne à tort;

et contentez-vous de votre solde. » Or le peuple était en attente, et tous se demandaient en eux-mêmes si Jean n'était pas le Christ. Jean s'adressa alors à tous : « Moi, je vous baptise avec de l'eau; mais il vient, celui qui est plus fort que moi. Je ne suis pas digne de dénouer la courroie de ses sandales. Lui vous baptisera dans l'Esprit Saint et le feu. Il tient à la main la pelle à vanner pour nettoyer son aire à battre le blé, et il amassera le grain dans son grenier; quant à la paille, il la brûlera au feu qui ne s'éteint pas. » Par beaucoup d'autres exhortations encore, il annonçait au peuple la Bonne Nouvelle.

Homélie

Profession de foi *(p. 238)*

Suggestion de prière universelle

Le prêtre :

Dans la joie, nous attendons la venue du Sauveur. Prions pour que cette joie rayonne sur notre monde et qu'elle soutienne les plus pauvres. À Dieu notre Père, confions toutes nos prières.

℟ ***Dieu de toute grâce, viens à notre secours.***

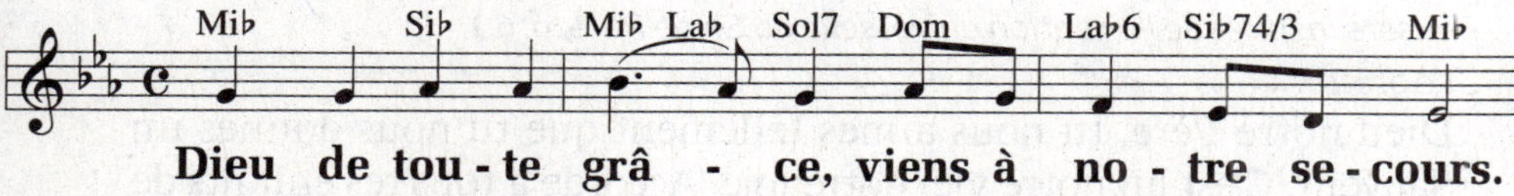

T. : D. Lang; M. : G. Notebaert; Bayard Liturgie.

℟ ***Dieu de toute grâce, viens à notre secours.***

Le diacre ou un lecteur :

Jusqu'au retour du Seigneur à la fin des temps, l'Église poursuit sa mission. Pour qu'elle grandisse chaque jour davantage en sainteté et en générosité, Dieu d'amour et de vie, nous te prions. ℟

Le monde a soif de paix et de fraternité entre les peuples. Pour que ses dirigeants mettent en place les aides nécessaires aux pays les plus pauvres, Dieu de justice et de paix, nous te prions. ℟

De grandes structures associatives et humanitaires prennent soin des malades, des exclus, des chrétiens menacés, des victimes de la violence. Pour que chacun se sache aimé, Dieu de tendresse et de miséricorde, nous te prions. ℟

La préparation des fêtes prochaines encourage les baptisés à témoigner de l'essentiel. À l'approche de Noël, qu'ils ouvrent grandes leurs portes à l'Enfant qui vient, Dieu très bon, nous te prions. ℟

(Ces intentions seront adaptées ou modifiées selon les circonstances. On peut aussi s'inspirer de l'intention universelle du Saint-Père, p. 6.)

Le prêtre :

Dieu notre Père, tu nous aimes tellement que tu nous donnes un Sauveur. C'est lui notre vie, notre joie. Accorde à tous tes enfants de connaître son amour. Par le Christ, notre Seigneur. ***— Amen.***

LITURGIE EUCHARISTIQUE

Prière sur les offrandes

Nous t'en prions, Seigneur, accorde-nous de t'offrir toujours ce sacrifice d'un cœur généreux : qu'il réalise le mystère sacré que tu as institué, et opère en nous ton salut avec puissance. Par le Christ, notre Seigneur. — ***Amen.***

Prière eucharistique *(Préface de l'Avent, p. 241)*

Chant de communion *(Suggestions p. 263)*

OU

Antienne de la communion

Dites aux esprits abattus : « Soyez forts, ne craignez pas.
Voici notre Dieu : il vient et va nous sauver. » (cf. Is 35, 4)

Prière après la communion

Nous implorons, Seigneur, ta bonté : que ce réconfort divin nous délivre de nos penchants mauvais et nous prépare aux fêtes qui approchent. Par le Christ, notre Seigneur. — ***Amen.***

RITE DE CONCLUSION

Bénédiction solennelle *(p. 22)* ***et envoi***

COMMENTAIRE DU DIMANCHE

Marie-Dominique Trébuchet, théologienne,
Institut catholique de Paris

Mesure et démesure

Mesure et démesure sont, me semble-t-il, les deux termes clés des textes que nous recevons aujourd'hui en Église. Clés qui ouvrent notre intelligence et notre cœur à Dieu et à la relation que nous avons avec lui, chacun, chacune, singulièrement et ensemble. La mesure est d'abord celle de la justice, de l'équité, du respect, du partage. La mesure est morale, en réponse à la question qui émane de celui qui a reçu le baptême de Jean. Que devons-nous faire ? Qui nous guidera vers le bien ? Et déjà la mesure porte en elle ce qui la déborde, la dépasse, l'oriente vers plus que le seul consentement à se contenter de ce que l'on a. Car il est juste de partager et de ne pas laisser le prochain avoir faim. Il est juste d'ouvrir ses oreilles aux cris des pauvres. Quelle est donc la mesure du don et du partage ? Ici la bascule se fait vers la démesure, vers ce que l'on ne pèse ni ne compte. Démesure de la paix « qui dépasse tout ce qu'on peut concevoir », démesure de l'amour, de la joie, qui n'ont d'autre étalon que le Christ lui-même dans le salut qu'il inaugure et figure pour nous. Dès lors, le croyant est appelé à quitter son inquiétude pour entrer dans la confiance. Confiance que Dieu peut toute chose au travers des limites mêmes de notre justice. Et qu'en cette démesure advient le salut.

Quand je suis gagné par l'inquiétude dans la vie familiale, professionnelle, politique, comment puis-je trouver secours dans l'espérance ?

Ma joie et mon espérance se traduisent-elles dans mon attention accrue aux autres ? ■

Prions en Église Junior

LIRE L'ÉVANGILE AVEC LES ENFANTS

CE QUE JE DÉCOUVRE

En allant voir Jean Baptiste dans le désert, beaucoup pensent qu'il est le Messie, le Sauveur annoncé par les prophètes. Mais Jean Baptiste le sait bien, **il ne fait que préparer les hommes et les femmes à accueillir Jésus.** Pour cela, il les invite à demander pardon à Dieu pour leurs péchés. **Leur baptême est le signe de ce changement de vie.** Nous aussi, pour nous préparer à Noël, nous sommes invités à nous convertir, à aimer les autres et à prier de tout notre cœur.

CE QUE JE VIS

As-tu déjà assisté à un baptême ?
Quels en sont les moments importants ?
Sais-tu demander pardon ? Avec qui pourrais-tu te réconcilier ?
Chaque jour, je peux prier :
« Aide-moi, Jésus, à changer mon cœur et, en enfant de Dieu, à rejeter ce qui fait du mal. »

Texte : Thibault Van Den Driessche. Illustrations : Marcelino Truong

MÉDITATION BIBLIQUE
3E DIMANCHE DE L'AVENT
Évangile selon saint Luc 3, 10-18

L'essentiel est ailleurs

Jean Baptiste balaie les doutes et les questions de ses disciples. La Bible est un chemin de parole incarné et en attente de l'être en chaque existence.

Le temps de la préparation

« Le Seigneur ton Dieu est en toi, c'est lui, le héros qui apporte le salut. Il aura en toi sa joie et son allégresse, il te renouvellera par son amour. » (So 3, 17)

Le temps de l'observation

En bons élèves, les disciples de Jean le Baptiste répètent la question : « Que devons-nous faire ? » Avec humilité et patience, ils cherchent une voie, des conseils, un chemin de vie et de pratique qui leur permettraient de renouveler leur lien à Dieu. Jean entend leur soif. Il ne veut pas les éloigner de la Torah de leurs pères ni les laisser seuls avec leurs questionnements. Il leur propose de simplement incarner la parole de Dieu dans leurs vies. « N'exigez rien de plus que ce qui vous est fixé. » Mais le moment s'approche et les disciples sont prêts. Jean pressent que cette …

... génération, bientôt, expérimentera un nouveau seuil, une autre réalité, une venue qu'il qualifie pour l'heure de « Bonne Nouvelle ». Jean annonce à ses disciples ce qu'il ne comprend sûrement pas encore mais qu'il pressent. Celui qui vient incarnera la Parole, en vivra et en fera vivre les personnes qui le suivront.

Le temps de la méditation

Parfois, en particulier avant une grande fête liturgique, notre attitude peut ressembler à celle des disciples du Baptiste. Comme eux, nous sommes à la recherche de ce qu'il y a à faire pour être prêts. Nous recherchons ce qui pourrait nous rendre plus spirituel, plus humain, davantage conforme à ce que nous pressentons de notre vocation. La réaction de Jean invite à toujours refonder ce type d'attente, à toujours la tourner vers Dieu. Dans sa réaction, Jean invite à convertir d'abord la question que l'on porte sur le quoi ou le comment, à abandonner l'idée qu'il y aurait quelque chose à faire. Quand il parle de Jésus, sa nouveauté balaie toute tentative de faire des efforts. Jésus baptise dans l'Esprit Saint et le feu. Il défait par là même nos petits projets, nos calculs, nos tentatives déguisées de garder le contrôle. L'essentiel est bien ailleurs : se réjouir qu'en Jésus la parole de Dieu s'humanise et devienne lumière.

Le temps de la prière

« Rendez grâce au Seigneur, proclamez son nom, annoncez parmi les peuples ses hauts faits ! » Redites-le : « Sublime est son nom ! » (Is 12, 4) ■

Marie-Laure Durand,
biblista

PARTAGE BIBLIQUE

Environ 45 minutes

Une bible ou Prions en Église, *page 103*

FILLE DE SION, RÉJOUIS-TOI (SO 3, 14-18)

Lire

À quelques jours de Noël, entrons dans la joie du Seigneur en méditant ces paroles prophétiques.

Comprendre le texte

Le prophète Sophonie s'adresse à la « fille de Sion » qui désigne les habitants de Jérusalem, bâtie sur la colline de Sion, et à la « fille de Jérusalem ». Les bourgs et les villages dépendant d'une ville sont appelés « filles » de cette ville. Ici, il s'agit d'un nouveau quartier de Jérusalem qui s'est étendu à l'ouest du mont Sion. Il est peuplé d'Israélites réfugiés du royaume du Nord après la chute de Samarie, en 722 av. J.-C. En cette fin du VIIIe siècle, la population de Jérusalem a doublé, comme en témoignent les fouilles archéologiques. Ces réfugiés sont majoritairement des pauvres, sans droit de propriété en Judée ! Profitant de la faiblesse de l'empire assyrien qui va bientôt s'effondrer, le roi Josias entreprend de restaurer •••

PARTAGE BIBLIQUE (SUITE) FILLE DE SION, RÉJOUIS-TOI (SO 3, 14-18)

... son royaume. L'espoir renaît de voir « les ennemis écartés » et le « malheur » reculer; la crainte est bannie. Pour le prophète, ce temps de bonheur est l'œuvre du Seigneur qui apporte le salut, qui vient demeurer auprès de tous, y compris des pauvres de la ville neuve. Jérusalem, tu seras la joie de ton Dieu qui « te renouvellera par son amour ». Au retour de l'Exil, cette proclamation de Sophonie a été relue comme une espérance toujours vivante.

Partager

- Que faudrait-il pour que ma vie chrétienne soit joyeuse ?
- Quelles paroles bibliques m'ouvrent à la joie ?
- À l'exemple de Sophonie, faut-il mettre Dieu dans la tête de ceux qui veulent conduire la politique de notre pays ?
- Quelles promesses joyeuses je souhaiterais voir réalisées pour l'année nouvelle ?

Prier

Prenons le refrain de ce cantique ancien de Lucien Deiss *Fille de Sion* (X732) et méditons les strophes. ■

Sylvain Gasser, prêtre assomptionniste

LUNDI 16 DÉCEMBRE 2024

3E SEMAINE DE L'AVENT COULEUR LITURGIQUE : VIOLET

Temps de l'Avent, *messe de la férie*

15 - 21

Antienne d'ouverture

Écoutez, nations, la parole du Seigneur ! Annoncez-la jusqu'aux extrémités de la terre : voici notre Sauveur qui vient, ne craignez plus.
(cf. Jr 31, 10 ; Is 35, 4)

Prière

Dans ta tendresse, nous t'en prions, Seigneur, prête l'oreille à notre voix : éclaire les ténèbres de nos cœurs, par la grâce de ton Fils qui vient nous visiter. Lui qui… ***— Amen.***

Lecture

du livre des Nombres (24, 2-7.15-17a)

« Un astre se lève, issu de Jacob »

En ces jours-là, levant les yeux, le prophète païen Balaam vit Israël qui campait, rangé par tribus. L'esprit de Dieu fut sur lui, et il prononça ces paroles énigmatiques : « Oracle de Balaam, fils de Béor, oracle de l'homme au regard pénétrant, oracle de celui qui entend les paroles de Dieu. Il voit ce que le Puissant lui fait voir, il tombe en extase, et ses yeux s'ouvrent. Que tes tentes sont belles, Jacob, et tes demeures, Israël ! Elles s'étendent comme des vallées, comme des jardins au bord d'un

fleuve ; le Seigneur les a plantées comme des aloès, comme des cèdres au bord des eaux ! Un héros sortira de la descendance de Jacob, il dominera sur des peuples nombreux. Son règne sera plus grand que celui de Gog, sa royauté sera exaltée. »
Balaam prononça encore ces paroles énigmatiques : « Oracle de Balaam, fils de Béor, oracle de l'homme au regard pénétrant, oracle de celui qui entend les paroles de Dieu, qui possède la science du Très-Haut. Il voit ce que le Puissant lui fait voir, il tombe en extase, et ses yeux s'ouvrent. Ce héros, je le vois – mais pas pour maintenant – je l'aperçois – mais pas de près : Un astre se lève, issu de Jacob, un sceptre se dresse, issu d'Israël. »
– Parole du Seigneur.

Psaume 24 (25)

℟ ***Seigneur, fais-moi connaître ta route !***

Seigneur, enseigne-moi tes voies,
fais-moi connaître ta route.
Dirige-moi par ta vérité, enseigne-moi,
car tu es le Dieu qui me sauve. ℟

Rappelle-toi, Seigneur, ta tendresse,
ton amour qui est de toujours.
Dans ton amour, ne m'oublie pas,
en raison de ta bonté, Seigneur. ℟

Il est droit, il est bon, le Seigneur,
lui qui montre aux pécheurs le chemin.
Sa justice dirige les humbles,
il enseigne aux humbles son chemin. ℟

Acclamation de l'Évangile

Alléluia, Alléluia. Fais-nous voir, Seigneur, ton amour, et donne-nous ton salut.
Alléluia.

Évangile de Jésus Christ
selon saint Matthieu (21, 23-27)

« Le baptême de Jean, d'où venait-il ? »

En ce temps-là, Jésus était entré dans le Temple, et, pendant qu'il enseignait, les grands prêtres et les anciens du peuple s'approchèrent de lui et demandèrent : « Par quelle autorité fais-tu cela, et qui t'a donné cette autorité ? » Jésus leur répliqua : « À mon tour, je vais vous poser une question, une seule ; et si vous me répondez, je vous dirai, moi aussi, par quelle autorité je fais cela : Le baptême de Jean, d'où venait-il ? du ciel ou des hommes ? » Ils faisaient en eux-mêmes ce raisonnement : « Si nous disons : "Du ciel", il va nous dire : "Pourquoi donc n'avez-vous pas cru à sa parole ?" Si nous disons : "Des hommes", nous devons redouter la foule, car tous tiennent Jean pour un prophète. » Ils répondirent donc à Jésus : « Nous ne savons pas ! » Il leur dit à son tour : « Moi, je ne vous dis pas non plus par quelle autorité je fais cela. »

Prière sur les offrandes
Nous t'offrons, Seigneur, ces dons prélevés sur les bienfaits reçus de toi : nous t'en prions, accueille-les ; puisse la célébration fervente, que tu nous donnes d'accomplir dans le temps présent, nous obtenir la rédemption éternelle. Par le Christ, notre Seigneur. — ***Amen.***

1re préface de l'Avent, p. 241.

Antienne de la communion
Viens, Seigneur,
nous visiter dans la paix ;
en ta présence
nous goûterons la joie.
(cf. Ps 105, 4-5 ; Is 38, 3)

Prière après la communion
Nous t'en prions, Seigneur, fais fructifier en nous les mystères que nous avons célébrés : tandis que nous marchons dans ce monde qui passe, tu nous enseignes par eux à aimer dès maintenant les biens du ciel, et à nous attacher à ceux qui demeurent. Par le Christ, notre Seigneur. — ***Amen.***

INVITATION

Il est temps de penser aux cadeaux de Noël. Pourquoi ne pas préparer des bocaux à messages personnalisés, comme proposé dans le hors-série Noël 2024 de *Prions en Église* (p. 23) ?

COMMENTAIRE

Se poser les bonnes questions

Matthieu 21, 23-27

« Par quelle autorité fais-tu cela, et qui t'a donné cette autorité ? » Le contexte est polémique, mais la question posée a son importance. Elle nous renvoie à l'exigeant et laborieux travail du discernement. N'est-il pas indispensable pour reconnaître les vrais des faux prophètes, prévenir les emprises spirituelles et autres dérives ? Invitation donc à se poser les bonnes questions dans la durée et à se recentrer autant que faire se peut sur celui en qui nous avons choisi de mettre notre foi. ■

Emmanuelle Billoteau, *ermite*

MARDI 17 DÉCEMBRE 2024

3E SEMAINE DE L'AVENT COULEUR LITURGIQUE : VIOLET

Temps de l'Avent, *messe du jour*

15 - 21

Antienne d'ouverture

Cieux, criez de joie ! Terre, exulte !
Car le Seigneur vient ; de ses pauvres,
il a compassion. (cf. Is 49, 13)

Prière

Dieu, créateur et rédempteur du genre humain, tu as voulu que ton Verbe prenne chair dans le sein de Marie toujours vierge ; sois favorable à notre prière : que ton Fils unique, qui a pris notre humanité, nous donne part à sa vie divine. Lui qui… — ***Amen.***

Lecture

du livre de la Genèse (49, 1-2.8-10)

« Le sceptre royal n'échappera pas à Juda »

En ces jours-là, Jacob appela ses fils et dit : « Assemblez-vous ! Je veux vous dévoiler ce qui vous arrivera dans les temps à venir. Rassemblez-vous, écoutez, fils de Jacob, écoutez Israël, votre père.

Juda, à toi, tes frères rendront hommage, ta main fera plier la nuque de tes ennemis et les fils de ton père se prosterneront devant toi. Juda est un jeune lion. Tu remontes du carnage, mon fils. Il s'est accroupi, il s'est

couché comme un lion ; ce fauve, qui le fera lever ? Le sceptre royal n'échappera pas à Juda, ni le bâton de commandement, à sa descendance, jusqu'à ce que vienne celui à qui le pouvoir appartient, à qui les peuples obéiront. »
– Parole du Seigneur.

Psaume 71 (72)

℟ ***En ces jours-là fleurira la justice, grande paix jusqu'à la fin des temps.***

Dieu, donne au roi tes pouvoirs,
à ce fils de roi ta justice.
Qu'il gouverne ton peuple avec justice,
qu'il fasse droit aux malheureux ! ℟

Montagnes, portez au peuple la paix,
collines, portez-lui la justice !
Qu'il fasse droit aux malheureux
de son peuple,
qu'il sauve les pauvres gens,
qu'il écrase l'oppresseur ! ℟

En ces jours-là, fleurira la justice,
grande paix jusqu'à la fin des lunes !
Qu'il domine de la mer à la mer,
et du Fleuve jusqu'au bout de la terre ! ℟

Que son nom dure toujours ;
sous le soleil, que subsiste son nom !
En lui, que soient bénies
toutes les familles de la terre ;
que tous les pays
le disent bienheureux ! ℟

Acclamation de l'Évangile

Alléluia, Alléluia. Viens, sagesse du Très-Haut ! Toi qui régis l'univers avec force et douceur, enseigne-nous le chemin de vérité. ***Alléluia.***

Évangile de Jésus Christ
selon saint Matthieu (1, 1-17)

« Jésus, fils de David, fils d'Abraham »

Généalogie* de Jésus, Christ, fils de David, fils d'Abraham.
Abraham engendra Isaac, Isaac engendra Jacob, Jacob engendra Juda et ses frères, Juda, de son union avec Thamar, engendra Pharès et Zara, Pharès engendra Esrom, Esrom engendra Aram, Aram engendra Aminadab, Aminadab engendra Naassone, Naassone engendra Salmone, Salmone, de son union avec Rahab, engendra Booz, Booz, de son union avec Ruth, engendra Jobed, Jobed engendra Jessé, Jessé engendra le roi David.
David, de son union avec la femme d'Ourias, engendra Salomon, Salomon engendra Roboam, Roboam engendra Abia, Abia engendra Asa, Asa engendra Josaphat, Josaphat engendra Joram, Joram engendra Ozias, Ozias engendra Joatham, Joatham engendra Acaz, Acaz engendra Ézékias, Ézékias engendra Manassé, Manassé engendra Amone, Amone engendra Josias, Josias engendra Jékonias et ses frères à l'époque de l'exil à Babylone.
Après l'exil à Babylone, Jékonias engendra Salathiel, Salathiel engendra Zorobabel, Zorobabel engendra Abioud, Abioud engendra Éliakim, Éliakim engendra Azor, Azor engendra Sadok, Sadok engendra Akim, Akim engendra Élioud, Élioud engendra Éléazar, Éléazar engendra Mattane, Mattane engendra Jacob, Jacob engendra Joseph, l'époux de Marie, de laquelle fut engendré Jésus, que l'on appelle Christ.
Le nombre total des générations est donc : depuis Abraham jusqu'à David, quatorze générations ; depuis

David jusqu'à l'exil à Babylone, quatorze générations ; depuis l'exil à Babylone jusqu'au Christ quatorze générations.

Prière sur les offrandes

Sanctifie, Seigneur, les dons de ton Église, et accorde-nous, dans ces mystères que nous vénérons, le pain du ciel qui refera nos forces. Par le Christ, notre Seigneur. — ***Amen.***

2e préface de l'Avent, p. 242.

Antienne de la communion

Il vient, celui que tous les peuples attendent ; la maison du Seigneur va se remplir de gloire.
(cf. Ag 2, 7)

Prière après la communion

Rassasiés par le don qui vient de toi, nous te prions, Dieu tout-puissant : entretiens en nous le désir de brûler au feu de ton Esprit pour briller comme de vives lumières lorsque viendra le Christ. Lui qui… — ***Amen.***

INVITATION

Je me plonge dans la généalogie de ma propre famille.
Dans ma prière, je peux confier les générations qui m'ont précédé.

COMMENTAIRE

La bénédiction se réalise

Genèse 49, 1-2.8-10 ; Matthieu 1, 1-17

Nous entrons dans la semaine préparatoire à Noël. Première lecture et évangile se font écho : l'une donnant à entendre les promesses, l'autre leur accomplissement en la personne de Jésus. En lui se réalise la bénédiction que le patriarche Jacob prononça sur son fils Juda, ancêtre de David, dans la lignée duquel Matthieu inscrit Jésus. Cette bénédiction fait signe vers la résurrection du Christ, victorieux de la mort, et vers son universelle royauté qu'il nous reste à accueillir dès à présent. ■

Emmanuelle Billoteau*, ermite*

✲ CLÉ DE LECTURE

« Généalogie »

Matthieu 1, 1 *(p. 123)*

La généalogie de Jésus qui ouvre l'évangile de Matthieu devrait s'appeler « genèse ». Le terme grec employé, « genesis », ne signifie pas « généalogie », mais « naissance, entrée dans le devenir ». Matthieu renoue explicitement avec le premier livre de la Loi, qui porte en grec le nom de Genèse racontant la naissance du monde et de l'humanité. Il apprend ainsi à son lecteur qu'avec la naissance de Jésus, un monde nouveau est en train de naître. Un monde qui surgit de l'ancien et d'une lignée humaine, une humanité que la promesse de Dieu a accompagnée, éduquée tout au long de son histoire, malgré ses refus, ses fragilités et ses errances, mais aussi un monde promis à un avenir inouï, car celui qui l'inaugure répondra parfaitement au projet d'amour de Dieu. ■

Roselyne Dupont-Roc*, bibliste*

MERCREDI 18 DÉCEMBRE 2024

3E SEMAINE DE L'AVENT COULEUR LITURGIQUE : VIOLET

Temps de l'Avent, *messe du jour*

Antienne d'ouverture

Il vient, le Christ, notre Roi ;
Jean lui rend témoignage :
« Voici l'Agneau qui devait venir. »

Prière

Nous t'en prions, Dieu tout-puissant : nous ployons sous le joug du péché qui depuis longtemps nous réduit en esclavage, accorde-nous d'être délivrés, nous qui attendons la naissance incomparable de ton Fils unique. Lui qui… ***— Amen.***

Lecture

du livre du prophète Jérémie (23, 5-8)

« Je susciterai pour David un Germe juste »

Voici venir des jours – oracle du Seigneur –, où je susciterai pour David un Germe juste : il régnera en vrai roi, il agira avec intelligence, il exercera dans le pays le droit et la justice. En ces jours-là, Juda sera sauvé, et Israël habitera en sécurité. Voici le nom qu'on lui donnera : « Le-Seigneur-est-notre-justice. » C'est pourquoi, voici venir des jours – oracle du Seigneur – où, pour prêter serment, on ne dira plus : « Par le Seigneur vivant, qui a fait monter du pays d'Égypte les fils d'Israël », mais :

« Par le Seigneur vivant, qui a fait monter du pays du nord les gens de la maison d'Israël, qui les a ramenés de tous les pays où il les avait chassés. » Car ils demeureront sur leur sol.
– Parole du Seigneur.

Psaume 71 (72)

℟ ***En ces jours-là fleurira la justice, grande paix jusqu'à la fin des temps.***

Dieu, donne au roi tes pouvoirs,
à ce fils de roi ta justice.
Qu'il gouverne ton peuple avec justice,
qu'il fasse droit aux malheureux ! ℟

Il délivrera le pauvre qui appelle
et le malheureux sans recours.
Il aura souci du faible et du pauvre,
du pauvre dont il sauve la vie. ℟

Béni soit le Seigneur, le Dieu d'Israël,
lui seul fait des merveilles !
Béni soit à jamais son nom glorieux,
toute la terre soit remplie de sa gloire !
Amen ! Amen ! ℟

Acclamation de l'Évangile

Alléluia, Alléluia. Viens, Chef de ton peuple Israël ! Toi qui as donné la Loi sur la montagne, délivre-nous par la vigueur de ton bras. ***Alléluia.***

Évangile de Jésus Christ

selon saint Matthieu (1, 18-24)

Jésus, engendré en Marie, épouse de Joseph, fils de David

Voici comment fut engendré Jésus Christ : Marie, sa mère, avait été accordée en mariage à Joseph; avant qu'ils aient habité ensemble, elle fut enceinte par l'action de l'Esprit Saint. Joseph, son époux, qui était un homme juste, et ne voulait pas la dénoncer publiquement, décida de la renvoyer en secret. Comme il avait formé ce projet, voici que l'ange du Seigneur lui apparut en songe et lui dit : « Joseph, fils de David, ne crains pas de prendre chez toi Marie, ton épouse, puisque l'enfant qui est engendré en elle vient de l'Esprit Saint; elle enfantera un fils, et tu lui donneras le nom de Jésus (c'est-à-dire : Le-Seigneur-sauve), car c'est lui qui sauvera son peuple de ses péchés. » Tout cela est arrivé pour que soit accomplie la parole du Seigneur prononcée par le prophète : *Voici que la Vierge concevra, et elle enfantera un fils; on lui donnera le nom d'Emmanuel,* qui se traduit : « Dieu-avec-nous ». Quand Joseph se réveilla, il fit ce que l'ange du Seigneur lui avait prescrit : il prit chez lui son épouse.

Prière sur les offrandes

Que le sacrifice célébré pour toi, Seigneur, nous rende agréables à ton nom; nous pourrons ainsi partager l'éternité de celui qui nous a guéris de la mort en prenant notre condition mortelle. Lui qui… ***— Amen.***

2e préface de l'Avent, p. 242.

Antienne de la communion

On lui donnera le nom d'Emmanuel, qui se traduit : Dieu-avec-nous.
(Mt 1, 23 ; cf. Is 7, 14)

Prière après la communion

Puissions-nous, Seigneur, accueillir ta miséricorde au milieu de ton temple, et préparer, en t'honorant comme il convient, la fête prochaine de notre rédemption. Par le Christ, notre Seigneur. — ***Amen.***

INVITATION

Je choisis une phrase à méditer dans les lectures du jour.
Je la relis régulièrement pendant la journée pour qu'elle m'accompagne.

COMMENTAIRE

Offert à tous

Jérémie 23, 5-8 ; Matthieu 1, 18-24

En Jésus, engendré par l'Esprit Saint, les chrétiens ont reconnu le « Germe juste » annoncé par le prophète Jérémie. Un germe porteur de renouveau. Un renouveau non seulement personnel mais également sociétal qui nous ajuste au projet de Dieu et suppose de nous laisser conduire par l'Esprit d'intelligence, de conseil et de force. Un don qui nous est offert à tous, comme il le fut à Joseph. N'est-ce pas ainsi que nous pourrons accueillir l'Emmanuel, Dieu-avec-nous au cœur de nos vies ? ■

Emmanuelle Billoteau, *ermite*

JEUDI 19 DÉCEMBRE 2024

3E SEMAINE DE L'AVENT COULEUR LITURGIQUE : VIOLET

Temps de l'Avent, *messe du jour*

Antienne d'ouverture

Celui qui doit venir arrivera, il ne tardera pas ;
alors, plus de crainte sur notre terre, car il est notre Sauveur. (cf. He 10, 37)

Prière

Seigneur Dieu, par la maternité de la Vierge sainte, tu as voulu révéler au monde la splendeur de ta gloire ; nous t'en prions : accorde-nous de vénérer le mystère si grand de l'Incarnation dans la pureté de la foi et de le célébrer toujours dans l'obéissance du cœur. Par Jésus… ***– Amen.***

Lecture

du livre des Juges (13, 2-7.24-25a)

Un ange annonce la naissance de Samson

En ces jours-là, il y avait un homme de Soréa, du clan de Dane, nommé Manoah. Sa femme était stérile et n'avait pas eu d'enfant. L'ange du Seigneur apparut à cette femme et lui dit : « Tu es stérile et tu n'as pas eu d'enfant. Mais tu vas concevoir et enfanter un fils. Désormais, fais bien attention : ne bois ni vin ni boisson forte, et ne mange aucun aliment impur, car tu vas concevoir et enfanter un fils. Le rasoir ne passera pas sur sa tête, car il sera voué à Dieu dès le sein de sa mère. C'est lui qui entreprendra

de sauver Israël de la main des Philistins. » La femme s'en alla dire à son mari : « Un homme de Dieu est venu me trouver ; il avait l'apparence d'un ange de Dieu tant il était imposant. Je ne lui ai pas demandé d'où il venait, et il ne m'a pas fait connaître son nom. Mais il m'a dit : "Tu vas devenir enceinte et enfanter un fils. Désormais ne bois ni vin ni boisson forte, et ne mange aucun aliment impur, car l'enfant sera voué à Dieu dès le sein de sa mère et jusqu'au jour de sa mort !" »
La femme enfanta un fils, et elle lui donna le nom de Samson. L'enfant grandit, le Seigneur le bénit, et l'Esprit du Seigneur commença à s'emparer de lui.
– Parole du Seigneur.

Psaume 70 (71)

℟ ***Je n'ai que ta louange à ma bouche, tout le jour, ta splendeur.***

En toi, Seigneur, j'ai mon refuge :
garde-moi d'être humilié pour toujours.
Dans ta justice, défends-moi, libère-moi,
tends l'oreille vers moi, et sauve-moi. ℟

Sois le rocher qui m'accueille,
toujours accessible ;
tu as résolu de me sauver :
ma forteresse et mon roc, c'est toi ! ℟

Seigneur mon Dieu, tu es mon espérance,
toi, mon soutien dès avant ma naissance,
tu m'as choisi dès le ventre de ma mère ;
tu seras ma louange toujours ! ℟

Je revivrai les exploits du Seigneur
en rappelant que ta justice est la seule.
Mon Dieu, tu m'as instruit dès ma jeunesse,
jusqu'à présent, j'ai proclamé
tes merveilles. ℟

Acclamation de l'Évangile

Alléluia, Alléluia. Viens, Rameau de Jessé, étendard dressé à la face des nations ! Délivre-nous, ne tarde plus. ***Alléluia.***

Évangile de Jésus Christ

selon saint Luc (1, 5-25)

L'ange Gabriel annonce la naissance de Jean le Baptiste

Il y avait, au temps d'Hérode le Grand, roi de Judée, un prêtre du groupe d'Abia, nommé Zacharie. Sa femme aussi était descendante d'Aaron ; elle s'appelait Élisabeth. Ils étaient l'un et l'autre des justes devant Dieu : ils suivaient tous les commandements et les préceptes du Seigneur de façon irréprochable. Ils n'avaient pas d'enfant, car Élisabeth était stérile et, de plus, ils étaient l'un et l'autre avancés en âge.

Or, tandis que Zacharie, durant la période attribuée aux prêtres de son groupe, assurait le service du culte devant Dieu, il fut désigné par le sort, suivant l'usage des prêtres, pour aller offrir l'encens dans le sanctuaire du Seigneur. Toute la multitude du peuple était en prière au-dehors à l'heure de l'offrande de l'encens. L'ange du Seigneur lui apparut, debout à droite de l'autel de l'encens. À sa vue, Zacharie fut bouleversé et la crainte le saisit. L'ange lui dit : « Sois sans crainte, Zacharie, car ta supplication a été exaucée : ta femme Élisabeth mettra au monde pour toi un fils, et tu lui donneras le nom de Jean. Tu seras dans la joie et l'allégresse, et beaucoup se réjouiront de sa naissance, car il sera grand devant le Seigneur. Il ne boira pas de vin ni de boisson forte, et il sera

rempli d'Esprit Saint dès le ventre de sa mère ; il fera revenir de nombreux fils d'Israël au Seigneur leur Dieu ; il marchera devant, en présence du Seigneur, avec l'esprit et la puissance du prophète Élie, pour faire revenir le cœur des pères vers leurs enfants, ramener les rebelles à la sagesse des justes, et préparer au Seigneur un peuple bien disposé. » Alors Zacharie dit à l'ange : « Comment vais-je savoir que cela arrivera ? Moi, en effet, je suis un vieillard et ma femme est avancée en âge. » L'ange lui répondit : « Je suis Gabriel et je me tiens en présence de Dieu. J'ai été envoyé pour te parler et pour t'annoncer cette bonne nouvelle. Mais voici que tu seras réduit au silence et, jusqu'au jour où cela se réalisera, tu ne pourras plus parler, parce que tu n'as pas cru à mes paroles ; celles-ci s'accompliront en leur temps. » Le peuple attendait Zacharie et s'étonnait qu'il s'attarde dans le sanctuaire. Quand il sortit, il ne pouvait pas leur parler, et ils comprirent que, dans le sanctuaire, il avait eu une vision. Il leur faisait des signes et restait muet. Lorsqu'il eut achevé son temps de service liturgique, il repartit chez lui. Quelque temps plus tard, sa femme Élisabeth conçut un enfant. Pendant cinq mois, elle garda le secret. Elle se disait : « Voilà ce que le Seigneur a fait pour moi, en ces jours où il a posé son regard pour effacer ce qui était ma honte devant les hommes. »

Prière sur les offrandes

Regarde avec bonté, nous t'en prions, Seigneur, les offrandes apportées à ton autel : que les dons présentés par nous, dans notre faiblesse, soient consacrés par ta puissance. Par le Christ, notre Seigneur. — ***Amen.***

2e préface de l'Avent, p. 242.

Antienne de la communion

L'Astre d'en haut nous visitera
pour conduire nos pas au chemin
de la paix.
(cf. Lc 1, 78-79)

Prière après la communion

Nous te rendons grâce, Dieu tout-puissant, pour les bienfaits déjà reçus ; dans ta bonté, fais-nous désirer ceux que tu vas nous donner bientôt ; nous accueillerons alors d'un esprit purifié la naissance admirable de notre Sauveur. Lui qui… ***— Amen.***

INVITATION

Pour préparer mon cœur à la joie de Noël,
je pourrais vivre le sacrement de réconciliation.

COMMENTAIRE

Puissance fois deux

Juges 13, 2-7.24-25a ; Luc 1, 5-25

Deux annonces de naissance qui nous disent la puissance agissante de Dieu dans la vie des humains que nous sommes : celle de Samson et celle de Jean Baptiste, issus de couples stériles. Une puissance à accueillir dans notre faiblesse et dans le consentement aux inattendus de Dieu. Ce qui suppose de basculer dans la foi-confiance. Cette démarche ne va pas sans combat, sans découragement, sans souffrance certes, mais elle est promise à la joie de voir s'ouvrir devant nous un passage (cf. Ps 30, 9). ■

***Emmanuelle Billoteau**, ermite*

Temps de l'Avent, *messe du jour*

Antienne d'ouverture

Un rameau sortira de la souche de Jessé,
la gloire du Seigneur remplira toute la terre,
et tout être de chair verra le salut de Dieu.
(cf. Is 11, 1 ; 40, 5 ; Lc 3, 6)

Prière

Dieu d'éternelle majesté, à l'annonce de l'Ange, la Vierge immaculée accueillit ton Verbe indicible et, devenue la demeure de Dieu, elle fut remplie de la lumière de l'Esprit Saint ; nous te demandons qu'à son exemple nous puissions nous attacher humblement à ta volonté. Par Jésus… ***— Amen.***

Lecture

du livre du prophète Isaïe (7, 10-14)

« Voici que la vierge est enceinte »

En ces jours-là, le Seigneur parla ainsi au roi Acaz : « Demande pour toi un signe de la part du Seigneur ton Dieu, au fond du séjour des morts ou sur les sommets, là-haut. » Acaz répondit : « Non, je n'en demanderai pas, je ne mettrai pas le Seigneur à l'épreuve. »
Isaïe dit alors : « Écoutez, maison de David ! Il ne vous suffit donc pas de

fatiguer les hommes : il faut encore que vous fatiguiez mon Dieu* ! C'est pourquoi le Seigneur lui-même vous donnera un signe : Voici que la vierge est enceinte, elle enfantera un fils, qu'elle appellera Emmanuel (c'est-à-dire : Dieu-avec-nous). »
– Parole du Seigneur.

Psaume 23 (24)

℟ ***Qu'il vienne, le Seigneur : c'est lui, le roi de gloire !***

Au Seigneur, le monde et sa richesse,
la terre et tous ses habitants !
C'est lui qui l'a fondée sur les mers
et la garde inébranlable sur les flots. ℟

Qui peut gravir la montagne du Seigneur
et se tenir dans le lieu saint ?
L'homme au cœur pur,
aux mains innocentes,
qui ne livre pas son âme aux idoles. ℟

Il obtient, du Seigneur, la bénédiction,
et de Dieu son Sauveur, la justice.
Voici le peuple de ceux qui le cherchent !
Voici Jacob qui recherche ta face ! ℟

Acclamation de l'Évangile

Alléluia, Alléluia. Viens, Clé de David ! Toi qui ouvres les portes du Royaume, arrache à leur prison les captifs des ténèbres. ***Alléluia.***

Évangile de Jésus Christ

selon saint Luc (1, 26-38)

« Voici que tu vas concevoir et enfanter un fils »

Au sixième mois d'Élisabeth, l'ange Gabriel fut envoyé par Dieu dans une ville de Galilée, appelée Nazareth, à une jeune fille vierge, accordée en mariage à un homme de la maison de David, appelé Joseph ; et le nom de la jeune fille était Marie. L'ange entra chez elle et dit : « Je te salue, Comblée-de-grâce, le Seigneur est avec toi. » À cette parole, elle fut toute bouleversée, et elle se demandait ce que pouvait signifier cette salutation. L'ange lui dit alors : « Sois sans crainte, Marie, car tu as trouvé grâce auprès de Dieu. Voici que tu vas concevoir et enfanter un fils ; tu lui donneras le nom de Jésus. Il sera grand, il sera appelé Fils du Très-Haut ; le Seigneur Dieu lui donnera le trône de David son père ; il régnera pour toujours sur la maison de Jacob, et son règne n'aura pas de fin. » Marie dit à l'ange : « Comment cela va-t-il se faire, puisque je ne connais pas d'homme ? » L'ange lui répondit : « L'Esprit Saint viendra sur toi, et la puissance du Très-Haut te prendra sous son ombre ; c'est pourquoi celui qui va naître sera saint, il sera appelé Fils de Dieu. Or voici que, dans sa vieillesse, Élisabeth, ta parente, a conçu, elle aussi, un fils et en est à son sixième mois, alors qu'on l'appelait la femme stérile. Car rien n'est impossible à Dieu. » Marie dit alors : « Voici la servante du Seigneur ; que tout m'advienne selon ta parole. » Alors l'ange la quitta.

Prière sur les offrandes

Nous t'en prions, Seigneur, regarde ce sacrifice unique, et, par notre communion à ce mystère, accorde-nous de recevoir les biens que nous attendons et que notre foi nous donne d'espérer. Par le Christ, notre Seigneur. **— *Amen.***

2e préface de l'Avent, p. 242.

Antienne de la communion

L'Ange dit à Marie :
« Voici que tu vas concevoir
et enfanter un fils ; tu lui donneras
le nom de Jésus. »
(Lc 1, 31)

Prière après la communion

Ceux que tu renouvelles par le don venu du ciel, garde-les, Seigneur, en ta divine protection : qu'ils trouvent, en communiant à tes mystères, la joie dans la paix véritable. Par le Christ, notre Seigneur. **— *Amen.***

INVITATION

Aujourd'hui, je peux témoigner du sens chrétien de Noël autour de moi.

COMMENTAIRE

Avec nous Isaïe 7, 10-14

Jésus est vraiment ce « Dieu-avec-nous » annoncé par Isaïe. Autant dire qu'il est une présence, non pas à la manière d'un « Étant » lointain. Une présence que nous sommes appelés à expérimenter dans le plus concret de nos existences : n'est-il pas « celui qui essuiera toutes larmes de nos yeux » et « fera toutes choses nouvelles » (Ap 21, 4.5) ; celui qui nous relève, nous conduit, nous guérit, nous ouvre une espérance ? Le découvrir tel suppose un désir, un feu à entretenir par la parole de Dieu. ■

***Emmanuelle Billoteau,** ermite*

❊ CLÉ DE LECTURE

« Vous fatiguiez mon Dieu » Isaïe 7, 13 *(p. 136)*

L'image est incroyablement concrète : fatiguer Dieu, comme on dit d'un adolescent qu'il nous fatigue ! Le prophète n'hésite pas à rendre le Dieu vivant tellement proche de nous, tellement capable de nous comprendre qu'il ressent nos sentiments, nos joies et nos peines. Les trahisons incessantes dont sont tissées les vies humaines toujours tentées par l'idolâtrie n'entameraient-elles pas l'insondable patience de Dieu ? La réponse est dans sa fidélité et dans son amour sans faille. À tel point que les prophètes n'hésitent pas à renverser l'image et à attribuer à Dieu cette plainte : « Mon peuple, en quoi t'ai-je fatigué ? » (Mi 6, 3 ; cf. Is 43, 22). Comme si Dieu nous devait quelque chose, comme s'il exigeait de nous autre chose que la justice et la paix. ■

***Roselyne Dupont-Roc,** bibliste*

SAMEDI 21 DÉCEMBRE 2024

3ᴱ SEMAINE DE L'AVENT COULEUR LITURGIQUE : VIOLET

Temps de l'Avent, *messe du jour*
(Saint Pierre Canisius)

Antienne d'ouverture

Voici venir le Seigneur souverain :
il aura pour nom Emmanuel
car il sera : Dieu-avec-nous. (cf. Is 7, 14 ; 8, 10)

Prière

Écoute avec bonté, Seigneur, la prière de ton peuple qui se réjouit de la venue de ton Fils unique en notre chair ; puissions-nous, quand il viendra en majesté, obtenir la récompense de la vie éternelle. Par Jésus… ***— Amen.***

Lecture

du Cantique des Cantiques (2, 8-14)

« Voici mon bien-aimé qui vient. Il bondit sur les montagnes »

La voix de mon bien-aimé ! C'est lui, il vient… Il bondit sur les montagnes, il court sur les collines, mon bien-aimé, pareil à la gazelle, au faon de la biche.
Le voici, c'est lui qui se tient derrière notre mur : il regarde aux fenêtres, guette par le treillage. Il parle, mon bien-aimé, il me dit : Lève-toi, mon amie, ma toute belle, et viens…
Vois, l'hiver s'en est allé, les pluies ont cessé, elles se sont enfuies.
Sur la terre apparaissent les fleurs, le temps des chansons est venu et

la voix de la tourterelle s'entend sur notre terre.
Le figuier a formé ses premiers fruits, la vigne fleurie exhale sa bonne odeur. Lève-toi, mon amie, ma toute belle, et viens...
Ma colombe, dans les fentes du rocher, dans les retraites escarpées, que je voie ton visage, que j'entende ta voix ! Ta voix est douce et ton visage, charmant.
– Parole du Seigneur.

On peut aussi lire Sophonie 3, 14-18a.

Psaume 32 (33)

℟ ***Criez de joie pour le Seigneur, chantez-lui le cantique nouveau.***

Rendez grâce au Seigneur sur la cithare,
jouez pour lui sur la harpe à dix cordes.
Chantez-lui le cantique nouveau,
de tout votre art soutenez l'ovation. ℟

Le plan du Seigneur demeure pour toujours,
les projets de son cœur subsistent
d'âge en âge.
Heureux le peuple dont le Seigneur
est le Dieu,
heureuse la nation qu'il s'est choisie
pour domaine ! ℟

Nous attendons notre vie du Seigneur :
il est pour nous un appui, un bouclier.
La joie de notre cœur vient de lui,
notre confiance est
dans son nom très saint. ℟

Acclamation de l'Évangile

Alléluia. Alléluia. Viens, Emmanuel, notre Législateur et notre Roi ! Sauve-nous, Seigneur notre Dieu. ***Alléluia.***

Évangile de Jésus Christ

selon saint Luc (1, 39-45)

« D'où m'est-il donné que la mère de mon Seigneur vienne jusqu'à moi ? »

En ces jours-là, Marie se mit en route et se rendit avec empressement vers la région montagneuse, dans une ville de Judée. Elle entra dans la maison de Zacharie et salua Élisabeth. Or, quand Élisabeth entendit la salutation de Marie, l'enfant tressaillit en elle. Alors, Élisabeth fut remplie d'Esprit Saint, et s'écria d'une voix forte : « Tu es bénie entre toutes les femmes, et le fruit de tes entrailles est béni. D'où m'est-il donné que la mère de mon Seigneur vienne jusqu'à moi ? Car, lorsque tes paroles de salutation sont parvenues à mes oreilles, l'enfant a tressailli d'allégresse en moi. Heureuse celle qui a cru à l'accomplissement des paroles qui lui furent dites de la part du Seigneur. »

Prière sur les offrandes

Accueille favorablement, Seigneur, ces présents que, dans ta miséricorde, tu as donnés à ton Église pour qu'elle puisse te les offrir ; fais qu'ils deviennent, par ta puissance, le sacrement de notre salut. Par le Christ, notre Seigneur. ***— Amen.***

2e préface de l'Avent, p. 242.

Antienne de la communion

Heureuse, toi qui as cru,
car s'accompliront les paroles
qui te furent dites
de la part du Seigneur.
(cf. Lc 1, 45)

Prière après la communion

Que la participation aux divins mystères, Seigneur, garde à jamais ton peuple : qu'en s'attachant pleinement au service de ta gloire, il reçoive en abondance le salut de l'âme et du corps. Par le Christ, notre Seigneur. ***— Amen.***

INVITATION

Et si je priais le chapelet de Lourdes en direct à 15 h 30 sur le site internet du sanctuaire de Lourdes ou en le suivant dans les médias ?

COMMENTAIRE

Aller vers la rencontre Cantiques 2, 8-14 ; Luc 1, 39-45

Les textes nous disent la joie de la rencontre : anticipée, réalisée, gardée dans le trésor de la mémoire. Nous sommes loin du légalisme ou du moralisme auquel est souvent associé notre foi chrétienne. Prenons le temps de contempler la bien-aimée du Cantique qui est invitée à se lever et à « sortir » ; le temps de contempler Marie, Élisabeth et leurs enfants à naître. Ne sommes-nous pas appelés, nous aussi, à nous déplacer au souffle de l'Esprit pour accueillir celui qui est, qui était et qui vient ? ■

Emmanuelle Billoteau, *ermite*

DIMANCHE 22 DÉCEMBRE 2024

4E DIMANCHE DE L'AVENT

ANNÉE C – COULEUR LITURGIQUE : VIOLET

La joie se fait allégresse quand le Sauveur lui-même vient nous visiter. Du sein de Marie, il est déjà surgissement de toute vie. Et il attend de nous la même disponibilité que celle de Marie et d'Élisabeth. Sommes-nous prêts à le recevoir ? À lui faire la première place en nos cœurs ? À devenir contagieux de sa vie, de sa joie pour qu'elles transfigurent le monde ?

RITES INITIAUX

Chant d'entrée *(Suggestions p. 263)*
OU
Antienne d'ouverture
Cieux, distillez d'en haut votre rosée, que descende le Juste, comme une pluie, que la terre s'ouvre, et que germe le Sauveur. (cf. Is 45, 8)

Suggestion de préparation pénitentielle *(ou p. 235)*
Frères et sœurs, au seuil de cette eucharistie, reconnaissons que nous sommes pécheurs et demandons au Seigneur que sa miséricorde vienne nous visiter.
(Seigneur Jésus, Lumière des nations – Messe "La source de la vie"; EC32-28)

Seigneur Jésus, Lumière des nations annoncée par les prophètes, Kyrie eleison, Kyrie eleison.
Ô Christ, Agneau de Dieu désigné par Jean Baptiste, Christe eleison, Christe eleison.
Seigneur Jésus, Verbe fait chair enfanté par Marie, Kyrie eleison Kyrie eleison.

Que Dieu tout-puissant nous fasse miséricorde ; qu'il nous pardonne nos péchés et nous conduise à la vie éternelle.
— Amen.

Pendant l'Avent, on omet le Gloire à Dieu.

Prière

Nous te prions, Seigneur, de répandre ta grâce en nos cœurs ; par le message de l'Ange, tu nous as fait connaître l'incarnation de ton Fils bien-aimé ; conduis-nous par sa passion et par sa croix jusqu'à la gloire de la résurrection. Par Jésus… ***— Amen.***

LITURGIE DE LA PAROLE

Lecture du livre du prophète Michée (5, 1-4a)

« De toi sortira celui qui doit gouverner Israël »

Ainsi parle le Seigneur : Toi, Bethléem Éphrata, le plus petit des clans de Juda, c'est de toi que sortira pour moi celui qui doit gouverner Israël. Ses origines remontent aux temps anciens, aux jours d'autrefois. Mais Dieu livrera son peuple jusqu'au jour où enfantera… celle qui doit enfanter, et ceux de ses frères qui resteront rejoindront les fils d'Israël. Il se dressera et il sera leur berger par la puissance du Seigneur, par la majesté du nom du Seigneur, son Dieu. Ils habiteront en sécurité, car désormais il sera grand jusqu'aux lointains de la terre, et lui-même, il sera la paix !

- Parole du Seigneur.

Psaume 79 (80)

℟ *Dieu, fais-nous revenir ; que ton visage s'éclaire, et nous serons sauvés !*

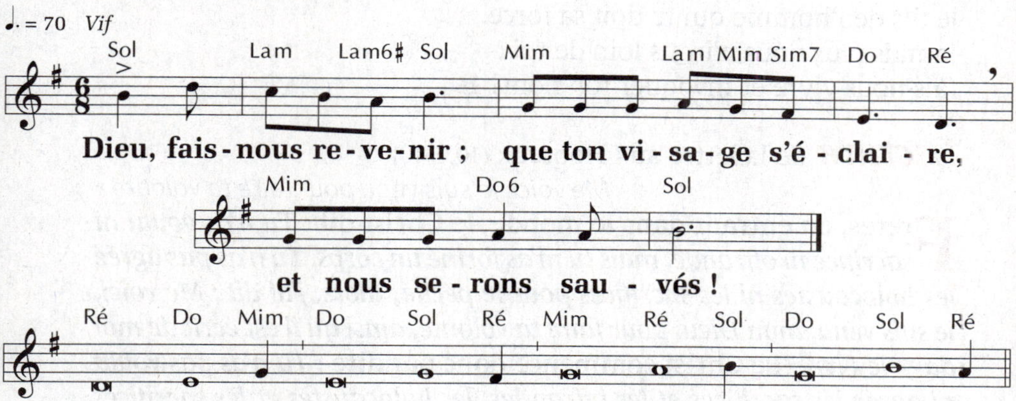

T. : AELF ; M. : J.-P. Lécot ; Éd. . ADF.

Berger d'Israël, écoute,
resplendis au-dessus des Kéroubim !
Réveille ta vaillance
et viens nous sauver. ℟

Dieu de l'univers, reviens !
Du haut des cieux, regarde et vois :
visite cette vigne, protège-la,
celle qu'a plantée ta main puissante. ℟

Retrouvez ce psaume sur le CD "Les psaumes de l'année C"

℟ ***Dieu, fais-nous revenir ; que ton visage s'éclaire, et nous serons sauvés !***

Que ta main soutienne ton protégé,
le fils de l'homme qui te doit sa force.
Jamais plus nous n'irons loin de toi :
fais-nous vivre et invoquer ton nom ! ℟

Lecture de la lettre aux Hébreux (10, 5-10)

« Me voici, je suis venu pour faire ta volonté »

Frères, en entrant dans le monde, le Christ dit : *Tu n'as voulu ni sacrifice ni offrande, mais tu m'as formé un corps. Tu n'as pas agréé les holocaustes ni les sacrifices pour le péché ; alors, j'ai dit : Me voici, je suis venu, mon Dieu, pour faire ta volonté, ainsi qu'il est écrit de moi dans le Livre.* Le Christ commence donc par dire : *Tu n'as pas voulu ni agréé les sacrifices et les offrandes, les holocaustes et les sacrifices pour le péché,* ceux que la Loi prescrit d'offrir. Puis il déclare : *Me voici, je suis venu pour faire ta volonté.* Ainsi, il supprime le premier état de choses pour établir le second. Et c'est grâce à cette volonté que nous sommes sanctifiés, par l'offrande que Jésus Christ a faite de son corps, une fois pour toutes. – Parole du Seigneur.

Acclamation de l'Évangile

Alléluia. Alléluia. Voici la servante du Seigneur : que tout m'advienne selon ta parole. ***Alléluia.***

T. : AELF; M. : P. Robert.

Évangile de Jésus Christ selon saint Luc (1, 39-45)

« D'où m'est-il donné que la mère de mon Seigneur vienne jusqu'à moi ? »

En ces jours-là, Marie se mit en route et se rendit avec empressement vers la région montagneuse, dans une ville de Judée. Elle entra dans la maison de Zacharie et salua Élisabeth. Or, quand Élisabeth entendit la salutation de Marie, l'enfant tressaillit en elle. Alors, Élisabeth fut remplie d'Esprit Saint, et s'écria d'une voix forte : « Tu es bénie entre toutes les femmes, et le fruit de tes entrailles est béni. D'où m'est-il donné que la mère de mon Seigneur vienne jusqu'à moi ? Car, lorsque tes paroles de salutation sont parvenues à mes oreilles, l'enfant a tressailli d'allégresse en moi. Heureuse celle qui a cru à l'accomplissement des paroles qui lui furent dites de la part du Seigneur. »

Homélie

Profession de foi *(p. 238)*

Suggestion de prière universelle

Le prêtre :

Le Seigneur est proche ! Confiants en son amour, à l'approche de Noël, prions Dieu notre Père pour le monde, spécialement pour les plus pauvres.

℟ ***Dans ta miséricorde, Seigneur, écoute-nous.***

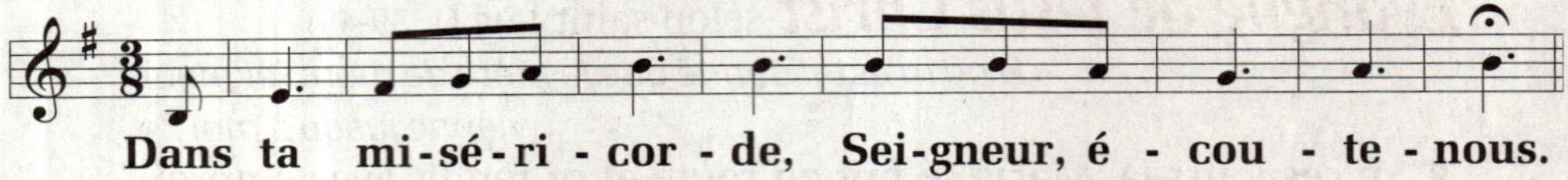

Éd. de l'Emmanuel; M. : J.-M. Morin.

Le diacre ou un lecteur :

Par l'intercession de Marie et d'Élisabeth, prions pour les femmes qui portent un enfant. Que cette maternité nouvelle les rende heureuses et joyeuses, Seigneur, nous te prions. ℟

Avec le pape François, prions pour l'Église qui va entrer dans un grand jubilé. Qu'elle aide tous les pèlerins de l'espérance à porter du fruit, Seigneur, nous t'en prions. ℟

Avec les humbles parents du Sauveur, prions pour les familles qui espèrent vivre à Noël la joie de la réconciliation. Que cette paix retrouvée les réconforte, Seigneur, nous t'en prions. ℟

À quelques heures de Noël, rendons grâce pour les personnes qui préparent nos célébrations. Que nos prêtres, nos diacres, les membres des chorales et des équipes liturgiques reconnaissent la vraie joie du service, Seigneur, nous te prions. ℟

(Ces intentions seront adaptées ou modifiées selon les circonstances. On peut aussi s'inspirer de l'intention universelle du Saint-Père, p. 6.)

Le prêtre :

Dieu notre Père, puisque notre salut est proche, écoute nos prières et révèle ton amour à ceux qui sont dans la peine ou la détresse, par Jésus le Christ, notre Seigneur. — ***Amen.***

LITURGIE EUCHARISTIQUE

Prière sur les offrandes

Ces offrandes déposées sur ton autel, Seigneur, que l'Esprit les sanctifie, lui dont la puissance a fécondé le sein de la bienheureuse Marie. Par le Christ, notre Seigneur. — ***Amen.***

Prière eucharistique (*2e préface de l'Avent*)

Vraiment, il est juste et bon, pour ta gloire et notre salut, de t'offrir notre action de grâce, toujours et en tout lieu, Seigneur, Père très saint, Dieu éternel et tout-puissant, par le Christ, notre Seigneur. Il est celui que tous les prophètes avaient annoncé, celui que la Vierge

22 - 28

Mère attendait dans le secret de son amour, celui dont Jean Baptiste a proclamé la venue et manifesté la présence. C'est lui qui nous donne la joie d'entrer déjà dans le mystère de Noël, pour qu'il nous trouve, quand il viendra, vigilants dans la prière et remplis d'allégresse. C'est pourquoi, avec les anges et les archanges, avec les puissances d'en haut et tous les esprits bienheureux, nous chantons l'hymne de ta gloire et sans fin nous proclamons : ***Saint ! Saint ! Saint...***

Chant de communion *(Suggestions p. 263)*

OU

Antienne de la communion

Voici que la Vierge concevra, elle enfantera un fils,
auquel on donnera le nom d'Emmanuel : Dieu-avec-nous.
(Is 7, 14 ; Mt 1, 23)

Prière après la communion

Après avoir reçu le gage de la rédemption éternelle, Dieu tout-puissant, nous te prions : à mesure qu'approche le jour où nous fêterons le salut, donne-nous une ferveur de plus en plus grande, pour célébrer dignement le mystère de la nativité de ton Fils. Lui qui… ***— Amen.***

RITE DE CONCLUSION

Bénédiction solennelle *(voir p. 22)* *et envoi*

COMMENTAIRE DU DIMANCHE

Benoît Gschwind, évêque de Pamiers

Dieu si proche de nous !

Femme choisie entre toutes les femmes, Marie devient au cœur de notre humanité femme de visitation. Quelle belle rencontre que celle entre Marie et Élisabeth, entre ces deux cousines. Une rencontre qui dit la fraternité, la présence l'une à l'autre, la contemplation de l'agir de Dieu dans chacune de leur histoire. Voilà deux femmes qui font une confiance extraordinaire à Dieu, et qui acceptent ce à quoi il les appelle. Jeune fille encore vierge et vieille femme stérile, Marie et Élisabeth nous disent combien tout est possible à Dieu. La rencontre entre Marie et Élisabeth est aussi celle de Jésus et de Jean Baptiste. Tressaillement de joie tant cette rencontre est grande ! Le temps est à l'accomplissement de la promesse. La visitation de Marie à Élisabeth nous achemine vers la joie de Noël, mystère de •••

••• l'incarnation de Dieu, visitation à nulle autre pareille de Dieu à son peuple ! Élisabeth reconnaît en Marie la mère de son Sauveur. C'est ce même mouvement que les bergers devront accomplir. Il leur faudra parcourir les champs pour rejoindre la grotte de la Nativité. Visitation au nouveau-né emmailloté et couché dans la mangeoire. Dieu se fait homme ! Aujourd'hui encore Dieu vient nous visiter chacune et chacun dans le secret de notre vie. Heureux ceux qui comme Élisabeth et Marie croient à l'accomplissement de la parole du Seigneur en leur vie. Magnificat, Dieu si proche de nous, Dieu à nos côtés !

Quelle visitation, quelle rencontre, quel échange ont été pour moi des signes de la présence de Dieu à mes côtés ?
Quelles visites me faut-il accomplir au nom de ma foi, en ce temps de Noël, pour dire Dieu, sa paix, sa confiance à mes compagnons d'humanité ? pour être témoin de Dieu autour de moi ? ■

Prions en Église junior

LIRE L'ÉVANGILE AVEC LES ENFANTS

CE QUE JE DÉCOUVRE

À peine enceinte de Jésus, Marie part chez Zacharie et Élisabeth. Eux aussi attendent un enfant. C'est Jean Baptiste qui, plus tard, annoncera la mission de Jésus. **Marie entre dans la maison d'Élisabeth et la salue. Sa joie suffit pour qu'Élisabeth comprenne ce qui se passe !** L'enfant de Marie est un cadeau de Dieu pour elle, mais aussi pour le monde. Les dons de Dieu n'ont pas besoin d'être expliqués, il suffit de les vivre. Quand nous avons en nous la joie de connaître Jésus, c'est facile de l'apporter aux autres.

CE QUE JE VIS

As-tu déjà annoncé une bonne nouvelle ? Comment cela s'est-il passé ? As-tu déjà accueilli chez toi quelqu'un qui est important pour toi ? Qui était-ce ?
Comme Élisabeth, salue Marie.
Tu peux dire un Je vous salue Marie.

Texte : Cédric Kuntz. Illustrations : Marcelino Truong

MÉDITATION BIBLIQUE
4E DIMANCHE DE L'AVENT
Évangile selon saint Luc 1, 39-45

Femmes d'espérance

Le temps de l'Avent nous rappelle que notre vie chrétienne est celui de l'attente. Mais il est de multiples façons de la vivre et de lui faire porter du fruit. Une occasion de regarder Élisabeth et Marie, figure de l'Église en attente du retour du Christ.

Le temps de la préparation

« Dieu, tu es mon Dieu, je te cherche. » (Ps 62, 2)

Le temps de l'observation

Marie et Élisabeth, juives ferventes, incarnent l'attente et l'espérance d'Israël à une époque où « il n'y a plus de prophètes » (Ps 73, 9) et où le peuple est sous domination étrangère. Elles incarnent également l'attente à un niveau personnel : pour l'une, celle d'un accomplissement à venir comme toute jeune fille ; pour l'autre, celle d'un enfant à laquelle a fait suite la « honte » d'une stérilité synonyme de malédiction. Et c'est dans ce contexte, qui accule à s'en remettre à Dieu, que l'inattendu est venu les rejoindre, leur ouvrant un avenir de fécondité. Ce qui suppose une disponibilité intérieure :

autant dire que ni l'une ni l'autre n'a essayé de combler artificiellement le « manque » auquel elle était affrontée. Et les voilà envahies de la joie de l'Esprit, conscientes que le salut de Dieu les a atteintes au plus intime d'elles-mêmes et que cette expérience personnelle les déborde : « Il relève Israël son serviteur, il se souvient de son amour » (Lc 1, 54).

Le temps de la méditation

Comment vivons-nous nos attentes ? En nous distrayant (vains projets, vaines activités) ? L'espérance est-elle vivante en nous, cette espérance qui se fonde tant sur le passé – les hauts faits de Dieu dans l'histoire du salut ou dans nos vies personnelles – que du futur – la promesse d'un monde nouveau où « Dieu sera tout en tous » (1 Co 15, 28), où « la mort ne sera plus », où « il n'y aura plus ni deuil, ni cri, ni douleur » (Ap 21, 4) ? Vivons-nous le temps qui nous sépare du face-à-face comme celui des douleurs de l'enfantement d'un monde nouveau (cf. Rm 8, 22) ? Car le temps de l'Avent ne nous tourne pas uniquement vers la Nativité dont nous ferons mémoire d'ici peu, mais aussi vers le retour du Christ en gloire. Marie et Élisabeth se nourrissaient de la Parole relatant les interventions de Dieu auprès de leurs ancêtres : Sarah, Rachel, Anne… Il ne nous reste plus qu'à leur emboîter le pas, car nous aussi sommes appelés à « laisser le Christ », l'« homme nouveau » par excellence, naître en nous (cf. Ga 4).

Le temps de la prière

« Réveille ta vaillance et viens nous sauver. » (Ps 79, 3) ■

Emmanuelle Billoteau,
ermite

DES IMAGES POUR LA FOI

NATIVITÉ DU SEIGNEUR

Un Sauveur vous est né

Sous un abri de fortune, Marie contemple son enfant, tandis qu'au loin l'ange annonce aux bergers la naissance du Sauveur.

Dans le ciel, un ange s'adresse aux bergers que l'éclat de la gloire du Seigneur (cf. Lc 2, 9) semble éblouir. D'ici peu, comme les deux moutons qui les précèdent, ils emprunteront le chemin qui serpente dans la campagne et contempleront l'enfant. Sur la longue banderole (un phylactère) que tient l'ange, comme sur celles qui accompagnent ses quatre confrères, figurent les premières phrases de l'hymne de Noël, le Gloria. Comme spectateurs nous sommes invités à nous associer à leur prière : « Nous te louons, nous te glorifions, nous t'adorons, nous te rendons grâce. » Jésus n'est pas « emmailloté et couché dans une mangeoire » comme le dit l'évangile (Lc 2, 12) mais il repose nu et rayonnant sur un coin du manteau de la Vierge, comme s'il était descendu du ciel avec les anges. L'ample étoffe bleue relie cependant Jésus à sa mère qui, dans une attitude de prière, pose sur lui un regard tout intérieur. Quel sera son destin ? Au premier plan, le tronc ébranché qui sert de poteau à la cabane où s'est abritée la Sainte Famille nous donne un indice : il annonce que l'enfant qui vient de naître est celui qui, sur la Croix, apportera le salut au monde. ■

Dominique Pierre

Nativité, panneau du retable de la Passion, Maître Arndt (vers 1483).
Musée de Cluny, Paris (75).

LUNDI 23 DÉCEMBRE 2024

4E SEMAINE DE L'AVENT COULEUR LITURGIQUE : VIOLET

Temps de l'Avent, *messe du jour*
(Saint Jean de Kenty)

Antienne d'ouverture

Un enfant va naître pour nous ; on l'appellera Dieu-Fort :
en lui seront bénies toutes les familles de la terre. (cf. Is 9, 5 ; Ps 71, 17)

Prière

Dieu éternel et tout-puissant, tandis que nous voyons approcher la naissance de ton Fils selon la chair, nous te prions : que ton Verbe fasse miséricorde aux indignes serviteurs que nous sommes, lui, Jésus le Christ, notre Seigneur, qui daigna prendre chair de la Vierge Marie et habiter parmi nous. Lui qui… — ***Amen.***

Lecture

du livre du prophète Malachie (3, 1-4.23-24)

« Je vais vous envoyer Élie le prophète, avant que vienne le jour du Seigneur »

Ainsi parle le Seigneur Dieu : Voici que j'envoie mon messager pour qu'il prépare le chemin devant moi ; et soudain viendra dans son Temple le Seigneur que vous cherchez. Le messager de l'Alliance que vous désirez, le voici qui vient – dit le Seigneur de l'univers. Qui pourra soutenir le jour de sa venue ? Qui pourra rester debout lorsqu'il se montrera ? Car il est pareil au feu du fondeur, pareil à la lessive des blanchisseurs. Il s'installera pour fondre et purifier : il purifiera les fils de Lévi, il les affinera

comme l'or et l'argent ; ainsi pourront-ils, aux yeux du Seigneur, présenter l'offrande en toute justice. Alors, l'offrande de Juda et de Jérusalem sera bien accueillie du Seigneur, comme il en fut aux jours anciens, dans les années d'autrefois. Voici que je vais vous envoyer Élie le prophète, avant que vienne le jour du Seigneur, jour grand et redoutable. Il ramènera le cœur des pères vers leurs fils, et le cœur des fils vers leurs pères, pour que je ne vienne pas frapper d'anathème le pays ! – Parole du Seigneur.

Psaume 24 (25)

℟ ***Redressez-vous et relevez la tête, car votre rédemption approche.***

Seigneur, enseigne-moi tes voies,
fais-moi connaître ta route.
Dirige-moi par ta vérité, enseigne-moi,
car tu es le Dieu qui me sauve. ℟

Il est droit, il est bon, le Seigneur,
lui qui montre aux pécheurs le chemin.
Sa justice dirige les humbles,
il enseigne aux humbles son chemin. ℟

Les voies du Seigneur sont amour et vérité
pour qui veille à son alliance et à ses lois.
Le secret du Seigneur est pour ceux
qui le craignent ;
à ceux-là, il fait connaître son alliance. ℟

Acclamation de l'Évangile

Alléluia, Alléluia. Viens, Espérance des nations, Sauveur de tous les peuples ! Viens sauver ce qui était perdu. ***Alléluia.***

Évangile de Jésus Christ

selon saint Luc (1, 57-66)

Naissance de Jean le Baptiste

Quand fut accompli le temps où Élisabeth devait enfanter, elle mit au monde un fils. Ses voisins et sa famille apprirent que le Seigneur lui avait montré la grandeur de sa miséricorde, et ils se réjouissaient avec elle. Le huitième jour, ils vinrent pour la circoncision de l'enfant. Ils voulaient l'appeler Zacharie, du nom de son père. Mais sa mère prit la parole et déclara : « Non, il s'appellera Jean. » On lui dit : « Personne dans ta famille ne porte ce nom-là ! » On demandait par signes au père comment il voulait l'appeler. Il se fit donner une tablette sur laquelle il écrivit : « Jean est son nom. » Et tout le monde en fut étonné. À l'instant même, sa bouche s'ouvrit, sa langue se délia : il parlait et il bénissait Dieu. La crainte saisit alors tous les gens du voisinage et, dans toute la région montagneuse de Judée, on racontait tous ces événements. Tous ceux qui les apprenaient les conservaient dans leur cœur et disaient : « Que sera donc cet enfant ? » En effet, la main du Seigneur était avec lui.

Prière sur les offrandes

Que cette offrande te soit agréable, Seigneur, elle qui nous introduit dans la plénitude du culte divin ; puissions-nous ainsi célébrer avec un esprit purifié la naissance de notre Rédempteur. Lui qui… ***— Amen.***

2e préface de l'Avent, p. 242.

Antienne de la communion

Voici que je me tiens à la porte,
et je frappe, dit le Seigneur.
Si quelqu'un entend ma voix
et ouvre la porte, j'entrerai chez lui ;
je prendrai mon repas avec lui,
et lui avec moi.
(Ap 3, 20)

Prière après la communion

Dans ta bonté, accorde ta paix, Seigneur, à ceux que tu as rassasiés d'un aliment venu du ciel, pour que, gardant nos lampes allumées, nous puissions attendre la rencontre avec ton Fils bien-aimé qui vient. Lui qui…
— Amen.

INVITATION

Sur le chemin vers la Nativité du Seigneur, je prie aujourd'hui pour les personnes qui attendent un heureux événement.

COMMENTAIRE

Le silencieux bienheureux Luc 1, 57-66

Zacharie est muet et médite depuis plusieurs mois dans son cœur deux événements : la grossesse inattendue de son épouse, annoncée par l'ange, et la rencontre de la Visitation, dont il était le témoin discret. Son silence évacue les paroles inutiles pour revenir à l'essentiel. Et nous ? Puisse un bienheureux silence nous éveiller au véritable nom par lequel Dieu appelle ses enfants et nous remplir de bénédictions pour ses merveilles. ■

Nicolas Tarralle, prêtre assomptionniste

MARDI 24 DÉCEMBRE 2024

4E SEMAINE DE L'AVENT COULEUR LITURGIQUE : VIOLET

Temps de l'Avent, *messe du matin*

Antienne d'ouverture

Voici maintenant venue la plénitude des temps :
Dieu a envoyé son Fils sur la terre. (cf. Ga 4, 4)

Prière

Seigneur Jésus, nous t'en prions, hâte-toi, ne tarde plus : que ton avènement réconforte et relève ceux qui ont foi dans ta tendresse. Toi qui… ***— Amen.***

Lecture

du deuxième livre de Samuel (7, 1-5.8b-12.14a.16)

La royauté de David subsistera pour toujours devant la face du Seigneur

Le roi David habitait enfin dans sa maison. Le Seigneur lui avait accordé la tranquillité en le délivrant de tous les ennemis qui l'entouraient. Le roi dit alors au prophète Nathan : « Regarde ! J'habite dans une maison de cèdre, et l'arche de Dieu habite sous un abri de toile ! » Nathan répondit au roi : « Tout ce que tu as l'intention de faire, fais-le, car le Seigneur est avec toi. »

Mais, cette nuit-là, la parole du Seigneur fut adressée à Nathan : « Va dire à mon serviteur David : Ainsi parle le Seigneur : Est-ce toi qui me bâtiras une maison pour que j'y habite ? C'est moi qui t'ai pris au pâturage, derrière le troupeau, pour

que tu sois le chef de mon peuple Israël. J'ai été avec toi partout où tu es allé, j'ai abattu devant toi tous tes ennemis. Je t'ai fait un nom aussi grand que celui des plus grands de la terre. Je fixerai en ce lieu mon peuple Israël, je l'y planterai, il s'y établira et ne tremblera plus, et les méchants ne viendront plus l'humilier, comme ils l'ont fait autrefois, depuis le jour où j'ai institué des juges pour conduire mon peuple Israël. Oui, je t'ai accordé la tranquillité en te délivrant de tous tes ennemis. Le Seigneur t'annonce qu'il te fera lui-même une maison. Quand tes jours seront accomplis et que tu reposeras auprès de tes pères, je te susciterai dans ta descendance un successeur, qui naîtra de toi, et je rendrai stable sa royauté. Moi, je serai pour lui un père ; et lui sera pour moi un fils. Ta maison et ta royauté subsisteront toujours devant moi, ton trône sera stable pour toujours. »
– Parole du Seigneur.

Psaume 88 (89)

℟ ***Ton amour, Seigneur, sans fin je le chante !***

L'amour du Seigneur, sans fin je le chante ;
ta fidélité, je l'annonce d'âge en âge.
Je le dis : C'est un amour bâti pour toujours ;
ta fidélité est plus stable que les cieux. ℟

« Avec mon élu, j'ai fait une alliance,
j'ai juré à David, mon serviteur :
j'établirai ta dynastie pour toujours,
je te bâtis un trône pour la suite des âges. ℟

« Il me dira : "Tu es mon Père,
mon Dieu, mon roc et mon salut !"
Sans fin je lui garderai mon amour,
mon alliance avec lui sera fidèle. » ℟

Acclamation de l'Évangile

Alléluia, Alléluia. Viens, Soleil levant, splendeur de justice et lumière éternelle ! Illumine ceux qui habitent les ténèbres et l'ombre de la mort. ***Alléluia.***

Évangile de Jésus Christ

selon saint Luc (1, 67-79)

Le soleil levant nous visitera

En ce temps-là, à la naissance de Jean Baptiste, Zacharie, son père, fut rempli d'Esprit Saint et prononça ces paroles prophétiques : « Béni soit le Seigneur, le Dieu d'Israël, qui visite et rachète son peuple. Il a fait surgir la force qui nous sauve dans la maison de David, son serviteur, comme il l'avait dit par la bouche des saints, par ses prophètes, depuis les temps anciens : salut qui nous arrache à l'ennemi, à la main de tous nos oppresseurs, amour qu'il montre envers nos pères, mémoire de son alliance sainte* ; serment juré à notre père Abraham de nous rendre sans crainte, afin que, délivrés de la main des ennemis, nous le servions dans la justice et la sainteté, en sa présence, tout au long de nos jours.

« Toi aussi, petit enfant, tu seras appelé prophète du Très-Haut ; tu marcheras devant, à la face du Seigneur, et tu prépareras ses chemins, pour donner à son peuple de connaître le salut par la rémission de ses péchés, grâce à la tendresse, à l'amour de notre Dieu, quand nous visite l'astre d'en haut, pour illuminer ceux qui habitent les ténèbres et l'ombre de la mort, pour conduire nos pas au chemin de la paix. »

Prière sur les offrandes

Dans ta bonté, Seigneur, accepte les dons qui te sont offerts, pour qu'en y communiant, nous soyons délivrés de nos péchés et puissions attendre d'un cœur pur la venue glorieuse de ton Fils. Lui qui… **— *Amen.***

2e préface de l'Avent, p. 242.

Antienne de la communion

Béni soit le Seigneur, le Dieu d'Israël, qui a visité et racheté son peuple.

(cf. Lc 1, 68)

Prière après la communion

Tu nous as recréés, Seigneur, par ce don merveilleux qui vient de toi ; puisque nous célébrons déjà la naissance adorable de ton Fils, donne-nous d'accueillir dans la joie les biens éternels qu'il nous offre. Lui qui… **— *Amen.***

INVITATION

Le jubilé 2025 commence aujourd'hui à Rome.

À quelques heures de célébrer la Nativité, je peux prendre quelques minutes pour méditer son thème « Pèlerins d'espérance ».

COMMENTAIRE

Cantique du serviteur

Luc 1, 67-79

Zacharie exulte en action de grâce. Il commence par s'adresser au Dieu d'Israël qui sauve son peuple dans la fidélité à son alliance. Puis il anticipe l'action prophétique de Jean Baptiste, qui vient de naître, pour ouvrir à ce peuple un chemin du pardon, de lumière et de paix. Et au cœur de ce cantique, il nous rappelle notre merveilleuse vocation : servir Dieu « dans la justice et la sainteté, en sa présence tout au long de nos jours ». ■

***Nicolas Tarralle**, prêtre assomptionniste*

❊ CLÉ DE LECTURE

« De son alliance sainte »

Luc 1, 77 *(p. 166)*

Au début de son évangile, Luc arrime solidement la nouveauté qui apparaît en Jésus aux annonces et promesses de l'Ancien Testament. Le « cantique » de Zacharie, présenté comme une prophétie inspirée par l'Esprit Saint, est un tissu de mots et d'expressions tirés de la Septante, traduction grecque de l'Ancien Testament. Les termes clés sont tous repris : « visiter, racheter, salut, bonté, alliance sainte, serment », en une bénédiction qui fait écho au Pentateuque, aux textes prophétiques et aux psaumes. Enfin, il reprend et actualise l'annonce du dernier des prophètes, Malachie : « Voici, j'envoie mon messager, il aplanira le chemin devant moi » (cf. Ml 3, 1). L'accomplissement des Écritures, c'est la nouveauté qui s'écrit avec les mots de l'ancien ! ■

***Roselyne Dupont-Roc**, bibliste*

MERCREDI 25 DÉCEMBRE 2024

NATIVITÉ DU SEIGNEUR – MESSE DE LA NUIT

ANNÉE C – COULEUR LITURGIQUE : BLANC

« Et elle mit au monde son fils premier-né. » Luc 2, 7

Voici la nuit de lumière, voici la gloire du Seigneur ! Oui, ce nouveau-né est le visage de la tendresse de Dieu. Cette nuit, la joie du ciel est donnée aux bergers, aux plus pauvres de la société. Que cette joie chante la gloire du Très-Haut ! Elle bouleverse à jamais l'humanité entière. En Jésus, Dieu sauve la famille humaine et lui ouvre déjà le ciel.

RITES INITIAUX

Chant d'entrée *(Suggestions p. 263)*

OU

Antienne d'ouverture

Le Seigneur m'a dit : « Tu es mon Fils ;
moi, aujourd'hui, je t'ai engendré. » (Ps 2, 7)

OU

Tous ensemble, réjouissons-nous dans le Seigneur : notre Sauveur est né sur terre ! Aujourd'hui, pour nous, descend du ciel la paix véritable !

Suggestion de préparation pénitentielle *(ou p. 235)*

Frères et sœurs, en cette nuit un Enfant nous est né. Il nous dit la miséricorde du Père. Humblement, confessons notre péché, que le Seigneur purifie nos cœurs :

(Jésus, Verbe de Dieu; AL 323-1)

Jésus, Verbe de Dieu, Verbe fait chair par amour pour les pécheurs, ***— Kyrie, Christe, Kyrie eleison !***

Jésus, Maître et Seigneur, gloire humiliée par amour pour les pécheurs, ***— Kyrie, Christe, Kyrie eleison !***

Jésus, homme au cœur pur, homme enchaîné par amour pour les pécheurs, ***— Kyrie, Christe, Kyrie eleison !***

Que Dieu tout-puissant nous fasse miséricorde ; qu'il nous pardonne nos péchés et nous conduise à la vie éternelle. ***— Amen.***

Gloire à Dieu *(p. 237)*

(p. 237)

Prière

Seigneur Dieu, tu as fait resplendir cette nuit très sainte des clartés de la vraie lumière ; nous t'en prions, puisque nous reconnaissons la splendeur des mystères du Christ sur la terre, accorde-nous aussi de goûter pleinement sa joie dans le ciel. Lui qui… ***— Amen.***

LITURGIE DE LA PAROLE

Lecture du livre du prophète Isaïe (9, 1-6)

« Un enfant nous est né »

Le peuple qui marchait dans les ténèbres a vu se lever une grande lumière ; et sur les habitants du pays de l'ombre, une lumière a resplendi. Tu as prodigué la joie, tu as fait grandir l'allégresse : ils se réjouissent devant toi, comme on se réjouit de la moisson, comme on exulte au partage du butin. Car le joug qui pesait sur lui, la barre qui meurtrissait son épaule, le bâton du tyran, tu les as brisés comme au jour de Madiane. Et les bottes qui frappaient le sol, et les manteaux couverts de sang, les voilà tous brûlés : le feu les a dévorés.

Oui, un enfant nous est né, un fils nous a été donné ! Sur son épaule est le signe du pouvoir ; son nom est proclamé : « Conseiller-merveilleux, Dieu-Fort, Père-à-jamais, Prince-de-la-Paix. » Et le

pouvoir s'étendra, et la paix sera sans fin pour le trône de David et pour son règne qu'il établira, qu'il affermira sur le droit et la justice dès maintenant et pour toujours. Il fera cela, l'amour jaloux du Seigneur de l'univers !
– Parole du Seigneur.

Psaume 95 (96)

℟ ***Aujourd'hui, un Sauveur nous est né : c'est le Christ, le Seigneur.***

T. : AELF ; M. : J.-P. Hervy ; Éd. : ADF.

Chantez au Seigneur un chant nouveau,
chantez au Seigneur, terre entière,
chantez au Seigneur et bénissez son nom ! ℟

De jour en jour, proclamez son salut,
racontez à tous les peuples sa gloire,
à toutes les nations ses merveilles ! ℟

Retrouvez ce psaume sur le CD "Les psaumes de l'année C"

Joie au ciel ! Exulte la terre !
Les masses de la mer mugissent,
la campagne tout entière est en fête. ℟

Les arbres des forêts dansent de joie
devant la face du Seigneur, car il vient,
car il vient pour juger la terre. ℟

Il jugera le monde avec justice
et les peuples selon sa vérité ! ℟

Lecture de la lettre de saint Paul apôtre à Tite (2, 11-14)

« La grâce de Dieu s'est manifestée pour tous les hommes »

Bien-aimé, la grâce de Dieu s'est manifestée pour le salut de tous les hommes. Elle nous apprend à renoncer à l'impiété et aux convoitises de ce monde, et à vivre dans le temps présent de

manière raisonnable, avec justice et piété, attendant que se réalise la bienheureuse espérance : la manifestation de la gloire de notre grand Dieu et Sauveur, Jésus Christ. Car il s'est donné pour nous afin de nous racheter de toutes nos fautes, et de nous purifier pour faire de nous son peuple, un peuple ardent à faire le bien.
– Parole du Seigneur.

Acclamation de l'Évangile

Alléluia. Alléluia. Je vous annonce une grande joie : Aujourd'hui vous est né un Sauveur qui est le Christ, le Seigneur ! ***Alléluia.***

T. : AELF; M. : P. Robert.

Évangile de Jésus Christ selon saint Luc (2, 1-14)

« Aujourd'hui vous est né un Sauveur »

En ces jours-là, parut un édit de l'empereur Auguste, ordonnant de recenser toute la terre – ce premier recensement eut lieu lorsque Quirinius était gouverneur de Syrie. Et tous allaient se faire recenser, chacun dans sa ville d'origine. Joseph, lui aussi, monta de Galilée, depuis la ville de Nazareth, vers la Judée, jusqu'à la ville de David appelée Bethléem. Il était en effet de la maison et de la lignée de David. Il venait se faire recenser avec Marie, qui lui avait été accordée en mariage et qui était enceinte.

Or, pendant qu'ils étaient là, le temps où elle devait enfanter fut accompli. Et elle mit au monde son fils premier-né ; elle l'emmaillota et le coucha dans une mangeoire, car il n'y avait pas de place pour eux dans la salle commune. Dans la même région, il y avait des bergers qui vivaient dehors et passaient la nuit dans les champs pour garder leurs troupeaux. L'ange du Seigneur se présenta devant eux, et la gloire du Seigneur les enveloppa de sa lumière. Ils furent saisis d'une grande crainte. Alors l'ange leur dit : « Ne craignez pas, car voici que je vous annonce une bonne nouvelle, qui sera une grande joie pour tout le peuple : Aujourd'hui, dans la ville de David, vous est né un Sauveur qui est le Christ, le Seigneur. Et voici le signe qui vous est donné : vous trouverez un nouveau-né emmailloté et couché dans une mangeoire. » Et soudain, il y eut avec l'ange une troupe céleste innombrable, qui louait Dieu en

disant : « Gloire à Dieu au plus haut des cieux, et paix sur la terre aux hommes, qu'Il aime. »

Homélie

Profession de foi *(p. 238)*

Suggestion de prière universelle

Le prêtre :

En cette nuit très sainte, nous contemplons le mystère de notre salut, nous adorons le Nouveau-Né. À ce silence de l'émerveillement, joignons notre supplication pour tous les hommes.

℟ ***Entends, Seigneur, la prière qui monte de nos cœurs.***

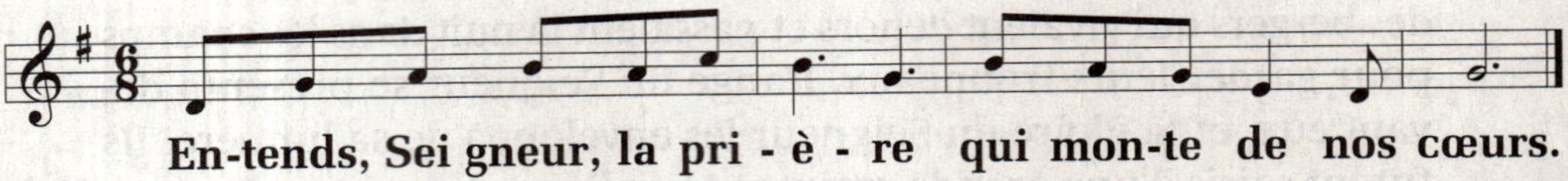

Bayard Liturgie.

Le diacre ou un lecteur :

La naissance du Sauveur est la bonne nouvelle dont l'humanité a tant besoin. Au moment où l'Église entre en jubilé, prions pour qu'elle annonce au monde l'espérance de la crèche. Dieu de joie, nous te supplions. ℟

Marie et Joseph ont été exclus, rejetés de « la salle commune ». Pour que nos gouvernants luttent contre l'exclusion des plus pauvres, Dieu d'amour, nous te supplions. ℟

Les bergers de la crèche sont les petits, les pauvres de la société. Pour que le temps de Noël révèle à tous les hommes la présence du Sauveur parmi nous, Dieu de miséricorde, nous te supplions. ℟

L'Enfant de la crèche illumine le visage des enfants. Pour que, dans tous les pays, les enfants puissent bénéficier de nourriture, d'affection, d'éducation, de joie de vivre, Dieu de tendresse, nous te supplions. ℟

(Ces intentions seront adaptées ou modifiées selon les circonstances. On peut aussi s'inspirer de l'intention universelle du Saint-Père, p. 6.)

Le prêtre :

Dieu notre Père, tandis que nous te louons avec les anges du ciel, nous te confions tous tes enfants de la terre. Exauce toutes leurs prières, par le Christ, notre Seigneur. **— Amen.**

LITURGIE EUCHARISTIQUE

Prière sur les offrandes

Reçois favorablement, Seigneur, l'offrande présentée en cette nuit de fête, afin que, par ce mystérieux échange, nous soyons configurés à ton Fils en qui notre nature est unie à la tienne. Lui qui… **— Amen.**

Prière eucharistique *(Préface de la Nativité)*
Vraiment, il est juste et bon, pour ta gloire et notre salut, de t'offrir notre action de grâce, toujours et en tout lieu, Seigneur, Père très saint, Dieu éternel et tout-puissant. Car la révélation de ta gloire s'est éclairée pour nous d'une lumière nouvelle dans le mystère du Verbe incarné. Maintenant, nous connaissons en lui Dieu qui s'est rendu visible à nos yeux, et nous sommes entraînés par lui à aimer ce qui demeure invisible. C'est pourquoi, avec les anges et les archanges, avec les puissances d'en haut et tous les esprits bienheureux, nous chantons l'hymne de ta gloire et sans fin nous proclamons : ***Saint ! Saint ! Saint…***

Chant de communion *(Suggestions p. 263)*
OU
Antienne de la communion
Le Verbe s'est fait chair, et nous avons vu sa gloire.
(Jn 1, 14)

Prière après la communion
Joyeux de célébrer la naissance de notre Rédempteur, nous te prions, Seigneur notre Dieu : donne-nous de parvenir, par notre manière de vivre, à la communion avec lui, qui vit et règne pour les siècles des siècles. ***— Amen.***

RITE DE CONCLUSION

Bénédiction solennelle

Dans son infinie bonté, Dieu a dissipé les ténèbres du monde par l'incarnation de son Fils ; par sa nativité glorieuse, il a fait resplendir cette nuit très sainte (ce jour très saint) : qu'il éloigne de vous les ténèbres des péchés, qu'il éclaire vos cœurs pour que vous pratiquiez le bien.

— Amen.

Il a voulu que l'Ange annonce aux bergers une grande joie : la naissance du Sauveur ; qu'il mette en vos cœurs sa propre joie et vous envoie annoncer son Évangile.

— Amen.

Par l'incarnation de son Fils, il a scellé l'Alliance du ciel et de la terre : qu'il vous comble de sa paix et de sa bienveillance, qu'il vous unisse à l'Église du ciel.

— Amen.

Et que la bénédiction de Dieu tout-puissant, le Père, et le Fils, + et le Saint-Esprit, descende sur vous et y demeure toujours.

— Amen.

Envoi

COMMENTAIRE DE LA NUIT DE NOËL

Marie-Caroline Bustarret, théologienne,
enseignante aux facultés Loyola Paris

Bouleversement de la puissance

Les lectures de cette nuit de Noël permettent de mesurer l'écart entre la figure du messie attendu par le peuple et la révélation de l'Évangile. L'enfant dont la naissance est annoncée par Isaïe porte sur lui le signe du pouvoir, ses attributs véhiculent un imaginaire de grandeur. Bien que le prophète décrive un règne de bonté, il reste difficile de nous départir de l'image d'un sauveur qui serait un roi au sens littéral du terme. Nous avons du mal à envisager l'exercice du pouvoir autrement que comme un assujettissement, car quand le pouvoir nous revient, c'est ainsi que nous tendons à l'exercer.

Mais voici que l'Enfant dont la naissance est fêtée ce soir naît dans le dénuement. Sa vie tout entière est un renversement absolu de la notion de puissance. S'il a été éminemment ardu pour les contemporains de Jésus d'accepter qu'il révèle en son effacement la toute-puissance de Dieu, ça ne l'est pas moins pour nous aujourd'hui. Le soir de Noël, nous sommes appelés à nous convertir à cet incroyable bouleversement qui nous révèle que participer à la grandeur de Dieu, c'est refuser de faire place en nos cœurs à toute pulsion de domination. Car tant que le moindre rêve de (toute-)puissance hantera notre cœur, nous courrons le risque de prêter nos forces à la violence et de tourner le dos à Dieu que nous voulons pourtant servir. Voilà peut-être en quoi consiste la purification qui fera de nous un peuple selon le cœur de Dieu dont il est question dans l'épître de ce jour ?

Comment puis-je me laisser toucher par la joie
de cette naissance comme si c'était la première fois ?

Quels épisodes des évangiles illustrent la manière dont Jésus
manifeste son refus de mettre la main sur les personnes
qu'il rencontre ? ■

MERCREDI 25 DÉCEMBRE 2024

NATIVITÉ DU SEIGNEUR – MESSE DU JOUR

ANNÉE C – COULEUR LITURGIQUE : BLANC

« À tous ceux qui l'ont reçu, il a donné de pouvoir devenir enfants de Dieu. » Jean 1, 12

Jour de fête, Dieu est parmi nous. La naissance de l'Enfant de Bethléem est bonne nouvelle pour toute l'humanité : Dieu, en Jésus, se fait homme. Jésus est la Parole définitive du Père. Adorons et chantons notre Sauveur, qu'il dissipe les ténèbres du monde et lui donne sa paix, qu'il accorde un temps de fête à tous les chrétiens qui le célèbrent en ce jour de Noël.

RITES INITIAUX

Chant d'entrée *(Suggestions p. 263)*
OU
Antienne d'ouverture
Un enfant nous est né, un fils nous a été donné !
Sur son épaule est le signe du pouvoir ;
on proclame son nom : Ange du grand conseil. (cf. Is 9, 5)

Suggestion de préparation pénitentielle *(ou p. 235)*
Frères et sœurs, pour que le mystère de la crèche nous fasse vivre, demandons pardon au Seigneur pour tous nos péchés et demandons la grâce de l'Esprit.

Seigneur Jésus, Fils éternel du Père qui donnes corps à sa parole, tu nous montres ta gloire. Béni sois-tu et prends pitié de nous.
— Bénis sois-tu et prends pitié de nous.
Ô Christ, toi qui viens accomplir la purification des péchés, tu nous fais miséricorde. Béni sois-tu et prends pitié de nous.
— Bénis sois-tu et prends pitié de nous.
Seigneur, élevé au-dessus des anges, tu ouvres le ciel à tous les hommes. Béni sois-tu et prends pitié de nous.
— Bénis sois-tu et prends pitié de nous.

Que Dieu tout-puissant nous fasse miséricorde ; qu'il nous pardonne nos péchés et nous conduise à la vie éternelle. ***— Amen.***

Gloire à Dieu (p. 237)

Prière

Seigneur Dieu, tu as merveilleusement créé l'être humain dans sa dignité, et tu l'as rétabli plus merveilleusement encore : accorde-nous d'être unis à la divinité de ton Fils, qui a voulu prendre notre humanité. Lui qui… ***— Amen.***

LITURGIE DE LA PAROLE

Lecture du livre du prophète Isaïe (52, 7-10)

« Tous les lointains de la terre ont vu le salut de notre Dieu »

Comme ils sont beaux sur les montagnes, les pas du messager, celui qui annonce la paix, qui porte la bonne nouvelle, qui annonce le salut, et vient dire à Sion : « Il règne, ton Dieu ! » Écoutez la voix des guetteurs : ils élèvent la voix, tous ensemble ils crient de joie car, de leurs propres yeux, ils voient le Seigneur qui revient à Sion. Éclatez en cris de joie, vous, ruines de Jérusalem, car le Seigneur console son peuple, il rachète Jérusalem ! Le Seigneur a montré la sainteté de son bras aux yeux de toutes les nations. Tous les lointains de la terre ont vu le salut de notre Dieu.

– Parole du Seigneur.

Psaume 97 (98)

℟ *La terre tout entière a vu le salut que Dieu nous donne.*

T. : AELF ; M. : B. Delattre ; Éd. : ADF.

Chantez au Seigneur un chant nouveau,
car il a fait des merveilles ;
par son bras très saint, par sa main puissante,
il s'est assuré la victoire. ℟

Le Seigneur a fait connaître sa victoire
et révélé sa justice aux nations ;
il s'est rappelé sa fidélité, son amour,
en faveur de la maison d'Israël. ℟

La terre tout entière a vu
la victoire de notre Dieu.
Acclamez le Seigneur, terre entière,
sonnez, chantez, jouez ! ℟

Retrouvez ce psaume sur le CD "Les psaumes de l'année C"

℟ ***La terre tout entière a vu le salut que Dieu nous donne.***

Jouez pour le Seigneur sur la cithare,
sur la cithare et tous les instruments ;
au son de la trompette et du cor,
acclamez votre roi, le Seigneur ! ℟

Lecture de la lettre aux Hébreux (1, 1-6)

« Dieu nous a parlé par son Fils »

À bien des reprises et de bien des manières, Dieu, dans le passé, a parlé à nos pères par les prophètes ; mais à la fin, en ces jours où nous sommes, il nous a parlé par son Fils qu'il a établi héritier de toutes choses et par qui il a créé les mondes. Rayonnement de la gloire de Dieu, expression parfaite de son être, le Fils, qui porte l'univers par sa parole puissante, après avoir accompli la purification des péchés, s'est assis à la droite de la Majesté divine dans les hauteurs des cieux ; et il est devenu bien supérieur aux anges, dans la mesure même où il a reçu en héritage un nom si différent du leur.

En effet, Dieu déclara-t-il jamais à un ange : Tu es mon Fils, moi, aujourd'hui, je t'ai engendré ? Ou bien encore : Moi, je serai pour lui un père, et lui sera pour moi un fils ? À l'inverse, au moment d'introduire le Premier-né dans le monde à venir, il dit : Que se prosternent devant lui tous les anges de Dieu.

– Parole du Seigneur.

Acclamation de l'Évangile

Alléluia. Alléluia. Aujourd'hui la lumière a brillé sur la terre. Peuples de l'univers, entrez dans la clarté de Dieu. Venez tous adorer le Seigneur ! ***Alléluia.***

UL31-13; T. : AELF; M. : P. Robert; Studio SM.

Évangile de Jésus Christ selon saint Jean (1, 1-18)

(Lecture brève : 1, 1-5.9-14)

« Le Verbe s'est fait chair, il a habité parmi nous »

Au commencement était le Verbe, et le Verbe était auprès de Dieu, et le Verbe était Dieu. Il était au commencement auprès de Dieu. C'est par lui que tout est venu à l'existence, et rien de ce qui s'est fait ne s'est fait sans lui. En lui était la vie, et la vie était la lumière des hommes ; la lumière brille dans les ténèbres, et les ténèbres ne l'ont pas arrêtée.

Interruption de la lecture brève

Il y eut un homme envoyé par Dieu ; son nom était Jean. Il est venu comme témoin, pour rendre témoignage à la Lumière, afin que tous croient par lui. Cet homme n'était pas la Lumière, mais il était là pour rendre témoignage à la Lumière.

Reprise de la lecture brève

Le Verbe était la vraie Lumière, qui éclaire tout homme en venant dans le monde. Il était dans le monde, et le monde était venu par lui à l'existence, mais le monde ne l'a pas reconnu. Il est venu chez lui, et les siens ne l'ont pas reçu. Mais à tous ceux qui l'ont reçu, il a donné de pouvoir devenir enfants de Dieu, eux qui croient en son nom. Ils ne sont pas nés du sang, ni d'une volonté charnelle, ni d'une volonté d'homme : ils sont nés de Dieu. Et le Verbe s'est fait chair, il a habité parmi nous, et nous avons vu sa gloire, la gloire qu'il tient de son Père comme Fils unique, plein de grâce et de vérité.

Fin de la lecture brève

Jean le Baptiste lui rend témoignage en proclamant : « C'est de lui que j'ai dit : Celui qui vient derrière moi est passé devant moi, car avant moi il était. » Tous, nous avons eu part à sa plénitude, nous avons reçu grâce après grâce ; car la Loi fut donnée par Moïse, la grâce et la vérité sont venues par Jésus Christ.
Dieu, personne ne l'a jamais vu ; le Fils unique, lui qui est Dieu, lui qui est dans le sein du Père, c'est lui qui l'a fait connaître.

Homélie

Profession de foi *(p. 238)*

Suggestion de prière universelle

Le prêtre :

Noël, voici Dieu devant nos yeux, voici la grâce incomparable qu'il offre à tous les hommes. En ce jour d'espérance et de joie, confions la prière de tous les hommes au Père du Sauveur.

℟ ***Dieu de tendresse, souviens-toi de nous.***

Y 55 ; SM.

Le diacre ou un lecteur :

Seigneur, pour un Noël de joie, aide toutes les communautés chrétiennes à célébrer avec foi le don de ton amour. Accorde-leur ton Esprit de joie. ℟

Seigneur, pour un Noël nouveau, appelle notre humanité à redécouvrir l'espérance qui naît à Noël. Envoie-nous ton Esprit de joie. ℟

Seigneur, pour un Noël de paix, mets au cœur de tous les dirigeants le désir de dialoguer et de chercher ensemble les bases d'un monde meilleur. Donne-leur ton Esprit de paix. ℟

Seigneur, pour un Noël de consolation, suscite des bénévoles dans les associations veillant sur les sans-abris, les exclus, les malades. Accorde-leur ton Esprit de réconfort. ℟

Seigneur, pour un Noël de charité, viens habiter les cœurs et y faire la demeure de ton pardon. Donne ton Esprit d'amour à toutes les bonnes volontés. ℟

(Ces intentions seront adaptées ou modifiées selon les circonstances. On peut aussi s'inspirer de l'intention universelle du Saint-Père, p. 6.)

Le prêtre :

Dieu notre Père, puisque ton Verbe prend chair en ce jour, guide tous les hommes vers la Lumière à la crèche. Exauce toutes leurs prières, par le Christ, notre Seigneur. **— Amen.**

LITURGIE EUCHARISTIQUE

Prière sur les offrandes

Que l'offrande présentée en ce jour de solennité te soit agréable, Seigneur, car elle nous a réconciliés avec toi, parfaitement rétablis dans ta paix, et introduits dans la plénitude de l'adoration véritable. Par le Christ, notre Seigneur. **— Amen.**

Prière eucharistique *(Préface de la Nativité, p. 242)*

Chant de communion *(Suggestions p. 263)*

OU

Antienne de la communion

Tous les lointains de la terre
ont vu le salut de notre Dieu.
(cf. Ps 97, 3)

Prière après la communion

Dieu de miséricorde, nous t'en prions : puisque le Sauveur du monde, en naissant aujourd'hui, nous fait naître à la vie divine, que sa générosité nous accorde aussi l'immortalité. Lui qui… — ***Amen.***

RITE DE CONCLUSION

Bénédiction solennelle *(p. 179)*

Envoi

COMMENTAIRE DU JOUR DE NOËL

Vincent Leclercq, prêtre assomptionniste

Renouvellement !

Dans la Bible, la parole est l'expression la plus intime d'une personne. Pour Jean, le « Verbe de Dieu » révèle son visage et la parfaite égalité entre le Fils et le Père. L'évangéliste rappelle le rôle du Verbe dans la Création – « rien de ce qui s'est fait ne s'est fait sans lui » – et dans l'histoire du salut – « la grâce et la vérité sont venues par Jésus Christ ». Avec sa naissance sur notre terre, la Lumière de Dieu resplendit désormais sur tout homme. Aucune nuit ne pourra l'assombrir. Jean avait reçu la mission d'annoncer sa venue. Son nom signifiait que Dieu a accordé sa grâce.

En devenant homme, Dieu assume la fragilité de notre condition et notre besoin d'être sauvés. Le monde peut désormais recommencer ; l'homme renaître à sa condition originale et redécouvrir

son rôle sur la terre. Il pourra prendre soin de la Création, communiquer avec Dieu et partager avec lui ce qui constitue sa vie. Dieu se raconte dans l'harmonie de la Création et se laisse découvrir sous les traits d'un nouveau-né. À Noël, chacun reçoit le don de contempler un monde renouvelé, de devenir enfant de Dieu et de vivre à ses côtés. Un tel cadeau ne se refuse pas.
La joie des plus petits nous introduit au mystère de Noël. Retrouvons les yeux pétillants de notre enfance pour redire notre foi dans le Christ Jésus et notre bonheur d'être accueillis dans la famille de Dieu.

Jean utilise son propre langage pour dire la joie de Noël.
Quel serait le mien ?

Dieu est à la fois très grand et très petit, proche et lointain ;
comment sa parole m'aide-t-elle à connaître, aimer et imiter
Jésus au quotidien ? ■

Une prière de Gérard Naslin

Tu étais toute écoute

Marie, lorsque nous te prions,
tu nous invites à nous tourner vers Dieu,
et à le prier comme toi tu l'as prié.
Tu étais toute écoute…
Alors tu as pu dire « oui »
à la volonté de Dieu. Avec toi nous voulons
écouter Dieu nous parler. Donne-nous ta foi
pour répondre : « qu'il me soit fait selon ta Parole ! »
Tu étais toute joie…
Alors tu as pu chanter les merveilles de Dieu pour toi
et pour ton peuple. Avec toi nous voulons nous réjouir.
Donne-nous ton espérance pour découvrir déjà
les humbles élevés, les puissants renversés,
les affamés comblés, et les riches démunis.

JEUDI 26 DÉCEMBRE 2024

TEMPS DE NOËL COULEUR LITURGIQUE : ROUGE

Saint Étienne

Ier siècle. Diacre, mort lapidé peu après la résurrection du Christ. Vénéré comme le premier martyr de l'Église.

Antienne d'ouverture

Pour lui, les portes du ciel se sont ouvertes : premier de tous les martyrs, il reçoit dans les cieux la couronne du vainqueur.

Gloire à Dieu (p. 237)

Prière

Puisque nous célébrons la naissance au ciel du bienheureux Étienne qui a su prier pour ses persécuteurs, donne-nous, Seigneur, d'imiter ce que nous célébrons pour apprendre à aimer jusqu'à nos ennemis. Par Jésus… — ***Amen.***

Lectures propres à la fête de saint Étienne.

22 - 28

Lecture

du livre des Actes des Apôtres (6, 8-10 ; 7, 54-60)

« Voici que je contemple les cieux ouverts »

En ces jours-là, Étienne, rempli de la grâce et de la puissance de Dieu, accomplissait parmi le peuple des prodiges et des signes éclatants. Intervinrent alors certaines gens de la synagogue dite des Affranchis, ainsi que des Cyrénéens et des Alexandrins, et aussi des gens originaires de Cilicie et de la province d'Asie. Ils se mirent à discuter avec

Étienne, mais sans pouvoir résister à la sagesse et à l'Esprit qui le faisaient parler. Ceux qui écoutaient ce discours avaient le cœur exaspéré et grinçaient des dents contre Étienne. Mais lui, rempli de l'Esprit Saint, fixait le ciel du regard : il vit la gloire de Dieu, et Jésus debout à la droite de Dieu. Il déclara : « Voici que je contemple les cieux ouverts et le Fils de l'homme debout à la droite de Dieu. » Alors ils poussèrent de grands cris et se bouchèrent les oreilles. Tous ensemble, ils se précipitèrent sur lui, l'entraînèrent hors de la ville et se mirent à le lapider. Les témoins avaient déposé leurs vêtements aux pieds d'un jeune homme appelé Saul. Étienne, pendant qu'on le lapidait, priait ainsi : « Seigneur Jésus, reçois mon esprit. » Puis, se mettant à genoux, il s'écria d'une voix forte : « Seigneur, ne leur compte pas ce péché. » Et, après cette parole, il s'endormit dans la mort.

– Parole du Seigneur.

Psaume 30 (31)

℟ ***En tes mains, Seigneur, je remets mon esprit.***

Sois le rocher qui m'abrite,
la maison fortifiée qui me sauve.
Pour l'honneur de ton nom,
tu me guides et me conduis. ℟

En tes mains je remets mon esprit ;
tu me rachètes, Seigneur, Dieu de vérité.
Ton amour me fait danser de joie :
devant moi, tu as ouvert un passage. ℟

Sur ton serviteur, que s'illumine ta face ;
sauve-moi par ton amour.
Tu combles, à la face du monde,
ceux qui ont en toi leur refuge. ℟

Acclamation de l'Évangile

Alléluia. Alléluia. Béni soit au nom du Seigneur, celui qui vient ; Dieu, le Seigneur, nous illumine. ***Alléluia.***

Évangile de Jésus Christ

selon saint Matthieu (10, 17-22)

« Ce n'est pas vous qui parlerez, c'est l'Esprit de votre Père »

En ce temps-là, Jésus disait à ses Apôtres : « Méfiez-vous des hommes : ils vous livreront aux tribunaux et vous flagelleront dans leurs synagogues. Vous serez conduits devant des gouverneurs et des rois à cause de moi : il y aura là un témoignage pour eux et pour les païens. Quand on vous livrera, ne vous inquiétez pas de savoir ce que vous direz ni comment vous le direz : ce que vous aurez à dire vous sera donné à cette heure-là. Car ce n'est pas vous qui parlerez, c'est l'Esprit de votre Père qui parlera en vous. Le frère livrera son frère à la mort, et le père, son enfant ; les enfants se dresseront contre leurs parents et les feront mettre à mort. Vous serez détestés de tous à cause de mon nom ; mais celui qui aura persévéré jusqu'à la fin, celui-là sera sauvé. »

Prière sur les offrandes

Nous t'en prions, Seigneur, accepte les offrandes que nous te présentons de grand cœur en ce jour où nous y invite la glorieuse mémoire du bienheureux Étienne, ton martyr. Par le Christ, notre Seigneur. — ***Amen.***

Préface de la Nativité, p. 242.

Antienne de la communion
Étienne, pendant qu'on le lapidait, priait ainsi : « Seigneur Jésus, reçois mon esprit. »
(Ac 7, 59)

Prière après la communion
Seigneur, nous te rendons grâce pour les multiples gestes de ta miséricorde envers nous, toi qui nous sauves par la nativité de ton Fils et nous réjouis par la célébration du bienheureux Étienne, ton martyr. Par le Christ, notre Seigneur. ***— Amen.***

INVITATION

Aujourd'hui, c'est la fête de saint Étienne, le premier martyr.
Je peux me renseigner sur les chrétiens martyrs aujourd'hui,
et m'engager pour eux, par ma prière ou par un don.

COMMENTAIRE

L'Esprit apaise les cœurs Matthieu 10, 17-22

Les Juifs de la diaspora ont leur synagogue à Jérusalem. Et comme Étienne est issu de leur rang, ils ont peur que sa fougue ne leur prenne toutes leurs ouailles. Ce faisant, ils laissent leur cœur s'exaspérer pour devenir comme des bêtes : ils profèrent des cris et se bouchent les oreilles. Notre cœur n'est-il pas parfois exaspéré contre la sagesse ? Laissons travailler l'Esprit pour le pacifier : il humanise nos dialogues. ■

Nicolas Tarralle, *prêtre assomptionniste*

VENDREDI 27 DÉCEMBRE 2024

TEMPS DE NOËL COULEUR LITURGIQUE : BLANC

Saint Jean

Ier siècle. Frère de saint Jacques le Majeur. Lors de la crucifixion, Jésus lui confia Marie. Le quatrième évangile et le livre de l'Apocalypse lui sont attribués.

Antienne d'ouverture

Célébrons Jean : au cours de la dernière Cène,
il reposa sur la poitrine du Seigneur ;
heureux l'Apôtre à qui furent révélés les secrets du ciel :
par lui se répandit sur toute la terre la parole de vie.

OU

Dans son Église, le Seigneur lui a donné la parole ;
il l'a rempli de l'esprit de sagesse et d'intelligence,
et l'a revêtu de gloire.

(cf. Si 15, 5)

Gloire à Dieu *(p. 237)*

Prière

Seigneur Dieu, tu nous as ouvert les profondeurs ineffables de ton Verbe grâce au bienheureux apôtre Jean ; nous t'en prions, accorde-nous de saisir avec une intelligence éclairée la parole qu'il a si bien fait retentir à nos oreilles. Par Jésus…
— Amen.

22 - 28

VENDREDI 27 DÉCEMBRE 2024

Lectures propres à la fête de saint Jean.

Lecture

de la première lettre de saint Jean (1, 1-4)

« Ce que nous avons vu et entendu, nous vous l'annonçons »

Bien-aimés, ce qui était depuis le commencement, ce que nous avons entendu, ce que nous avons vu de nos yeux, ce que nous avons contemplé et que nos mains ont touché du Verbe de vie, nous vous l'annonçons. Oui, la vie s'est manifestée, nous l'avons vue, et nous rendons témoignage : nous vous annonçons la vie éternelle qui était auprès du Père et qui s'est manifestée à nous. Ce que nous avons vu et entendu, nous vous l'annonçons à vous aussi, pour que, vous aussi, vous soyez en communion avec nous.

Or nous sommes, nous aussi, en communion avec le Père et avec son Fils, Jésus Christ. Et nous écrivons cela, afin que notre joie soit parfaite.

– Parole du Seigneur.

Psaume 96 (97)

℟ ***Que le Seigneur soit votre joie, hommes justes !***

Le Seigneur est roi ! Exulte la terre !
Joie pour les îles sans nombre !
Ténèbre et nuée l'entourent,
justice et droit sont l'appui
de son trône. ℟

Les montagnes fondaient
comme cire devant le Seigneur,
devant le Maître de toute la terre.
Les cieux ont proclamé sa justice,
et tous les peuples ont vu sa gloire. ℟

Une lumière est semée pour le juste,
et pour le cœur simple, une joie.
Que le Seigneur soit votre joie, hommes justes ;
rendez grâce en rappelant son nom très saint. ℟

Acclamation de l'Évangile

Alléluia. Alléluia. À toi, Dieu, notre louange ! Toi, le Seigneur, nous t'acclamons. C'est toi que les Apôtres glorifient. ***Alléluia.***

Évangile de Jésus Christ

selon saint Jean (20, 2-8)

« L'autre disciple courut plus vite que Pierre et arriva le premier au tombeau »

Le premier jour de la semaine, Marie Madeleine courut trouver Simon-Pierre et l'autre disciple, celui que Jésus aimait, et elle leur dit : « On a enlevé le Seigneur de son tombeau, et nous ne savons pas où on l'a déposé. » Pierre partit donc avec l'autre disciple pour se rendre au tombeau. Ils couraient tous les deux ensemble*, mais l'autre disciple courut plus vite que Pierre et arriva le premier au tombeau. En se penchant, il s'aperçoit que les linges sont posés à plat; cependant il n'entre pas. Simon-Pierre, qui le suivait, arrive à son tour. Il entre dans le tombeau; il aperçoit les linges, posés à plat, ainsi que le suaire qui avait entouré la tête de Jésus, non pas posé avec les linges, mais roulé à part à sa place. C'est alors qu'entra l'autre disciple, lui qui était arrivé le premier au tombeau. Il vit, et il crut.

Prière sur les offrandes

Sanctifie, Seigneur, les offrandes que nous te présentons ; tandis que nous participons à ce repas eucharistique, accorde-nous de puiser à la même source les secrets du Verbe éternel que tu révélas à ton apôtre Jean. Par le Christ, notre Seigneur. **— *Amen.***

Préface de la Nativité, p. 242.

Antienne de la communion

Le Verbe s'est fait chair,
il a habité parmi nous.
Tous, nous avons eu part
à sa plénitude.
(Jn 1, 14.16)

Prière après la communion

Nous t'en prions, Dieu tout-puissant : que le Verbe fait chair, proclamé par le bienheureux apôtre Jean, demeure toujours en nous grâce au sacrement que nous venons de célébrer. Par le Christ, notre Seigneur. **— *Amen.***

INVITATION

En cette fête de saint Jean, je peux lire une de ses trois lettres pour me plonger dans sa spiritualité.

COMMENTAIRE

Une pause s'impose 1 Jean 1, 1-4; Jean 20, 2-8

Jean s'aperçoit que les linges sont posés à plat. Marie Madeleine avait donc raison : le corps de Jésus n'est plus là. Mais l'Apôtre n'entre pas tout de suite dans le tombeau. Peut-être faut-il arrêter de courir après l'absence et le manque pour comprendre vraiment. Le regard de Jean est transformé : il voit non plus à partir du vide, mais de son expérience, pleine de Jésus. Et, voyant ce lien avec le Père et la vie éternelle annoncée, il croit. ■

***Nicolas Tarralle**, prêtre assomptionniste*

✲ CLÉ DE LECTURE

« Les deux ensemble » Jean 20, 4 *(p. 201)*

La communauté johannique, avec ses traditions propres, assure ses liens avec d'autres courants chrétiens. Les premiers bénéficiaires d'une rencontre avec le Ressuscité en sont les témoins types : Marie de Magdala, une femme aimante, la première appelée par le Ressuscité, est envoyée comme « apôtre des Apôtres » (Hippolyte de Rome, vers 220). Puis deux disciples, Simon Pierre et l'autre disciple, dont le texte affirme l'unité, « les deux ensemble ». Pierre sera appelé à veiller sur les fidèles du Ressuscité en organisant leur vie, l'autre disciple, une figure idéalisée du cœur-à-cœur avec Jésus (« le disciple que Jésus aimait »), à maintenir un lien personnel, intime avec lui. Trois figures complémentaires et nécessaires de toute Église chrétienne. ■

***Roselyne Dupont-Roc**, bibliste*

SAMEDI 28 DÉCEMBRE 2024

TEMPS DE NOËL COULEUR LITURGIQUE : ROUGE

Les Saints Innocents

Ier siècle. Sont honorés aujourd'hui « tous les enfants de Bethléem et des environs, âgés de moins de deux ans » qui furent tués, sur ordre du roi Hérode, après la naissance de Jésus.

Antienne d'ouverture

Pour le Christ, des enfants innocents furent mis à mort ;
ils suivent l'Agneau sans tache, et ne cessent de chanter :
« Gloire à toi, Seigneur ! »

Gloire à Dieu *(p. 237)*

Prière

Seigneur Dieu, aujourd'hui, sans parler mais en mourant, les martyrs innocents ont proclamé ta louange ; fais que notre vie tout entière témoigne de la foi que notre bouche proclame. Par Jésus… — ***Amen.***

Lectures propres à la fête des Saints Innocents.

Lecture

de la première lettre de saint Jean (1, 5 – 2, 2)

« Le sang de Jésus nous purifie de tout péché »

Bien-aimés, tel est le message que nous avons entendu de Jésus Christ et que nous vous annonçons : Dieu est lumière ; en lui, il n'y a pas de ténèbres. Si nous disons que nous sommes en communion avec lui, alors que nous marchons dans les ténèbres, nous sommes des menteurs, nous

ne faisons pas la vérité. Mais si nous marchons dans la lumière, comme il est lui-même dans la lumière, nous sommes en communion les uns avec les autres, et le sang de Jésus, son Fils, nous purifie de tout péché. Si nous disons que nous n'avons pas de péché, nous nous égarons nous-mêmes, et la vérité n'est pas en nous. Si nous reconnaissons nos péchés, lui qui est fidèle et juste va jusqu'à pardonner nos péchés et nous purifier de toute injustice. Si nous disons que nous sommes sans péché, nous faisons de lui un menteur, et sa parole n'est pas en nous.
Mes petits enfants, je vous écris cela pour que vous évitiez le péché. Mais si l'un de nous vient à pécher, nous avons un défenseur devant le Père : Jésus Christ, le Juste. C'est lui qui, par son sacrifice, obtient le pardon de nos péchés, non seulement les nôtres, mais encore ceux du monde entier.
– Parole du Seigneur.

Psaume 123 (124)

℟ ***Comme un oiseau, nous avons échappé au filet du chasseur.***

Sans le Seigneur qui ét<u>a</u>it pour nous
quand des h<u>o</u>mmes nous assaillirent,
alors ils nous aval<u>a</u>ient tout vivants,
dans le fe<u>u</u> de leur colère. ℟

Alors le fl<u>o</u>t passait sur nous,
le torr<u>e</u>nt nous submergeait ;
alors nous éti<u>o</u>ns submergés
par les fl<u>o</u>ts en furie. ℟

Bén<u>i</u> soit le Seigneur !
Le filet s'est rompu : nous av<u>o</u>ns échappé.
Notre secours est le n<u>o</u>m du Seigneur
qui a fait le ci<u>e</u>l et la terre. ℟

22 - 28

Acclamation de l'Évangile

Alléluia. Alléluia. À toi, Dieu, notre louange ! Toi, le Seigneur, nous t'acclamons, toi, dont témoignent les martyrs. ***Alléluia.***

Évangile de Jésus Christ

selon saint Matthieu (2, 13-18)

« Hérode envoya tuer tous les enfants à Bethléem »

Après le départ des mages, voici que l'ange du Seigneur apparaît en songe à Joseph et lui dit : « Lève-toi ; prends l'enfant et sa mère, et fuis en Égypte. Reste là-bas jusqu'à ce que je t'avertisse, car Hérode va rechercher l'enfant pour le faire périr. » Joseph se leva ; dans la nuit, il prit l'enfant et sa mère, et se retira en Égypte, où il resta jusqu'à la mort d'Hérode, pour que soit accomplie la parole du Seigneur prononcée par le prophète : *D'Égypte, j'ai appelé mon fils.*

Alors Hérode, voyant que les mages s'étaient moqués de lui, entra dans une violente fureur. Il envoya tuer tous les enfants jusqu'à l'âge de deux ans à Bethléem et dans toute la région, d'après la date qu'il s'était fait préciser par les mages. Alors fut accomplie la parole prononcée par le prophète Jérémie : *Un cri s'élève dans Rama, pleurs et longue plainte : c'est Rachel* qui pleure ses enfants et ne veut pas être consolée, car ils ne sont plus.*

Prière sur les offrandes

Reçois, Seigneur, nous t'en prions, les offrandes de tes fidèles serviteurs ; purifie-les quand ils célèbrent avec amour tes mystères, par lesquels tu rends justes même ceux qui ne te connaissent pas. Par le Christ, notre Seigneur. — ***Amen.***

Préface de la Nativité, p. 242.

Antienne de la communion

Les enfants de Bethléem
ont été rachetés d'entre les hommes
comme prémices pour Dieu
et pour l'Agneau. Ils suivent l'Agneau
partout où il va.
(cf. Ap 14, 4)

Prière après la communion

Seigneur, accorde les richesses du salut aux fidèles qui ont reçu ta nourriture sainte, en ce jour où nous fêtons des enfants incapables encore de prononcer le nom de ton Fils et pourtant couronnés par une grâce céleste venue de sa naissance. Lui qui… — ***Amen.***

INVITATION

Joseph protège Marie et l'Enfant Jésus. Ai-je aussi une personne à protéger, à consoler, à aider ? Je lui envoie une carte de vœux pour lui dire mon soutien.

COMMENTAIRE

Pécheurs pardonnés 1 Jean 1, 5 – 2, 2 ; Matthieu 2, 13-18

La violente fureur dans laquelle entre Hérode a des conséquences effroyables. Mais nous est-elle vraiment étrangère ? Les conflits et les massacres d'aujourd'hui frappent les innocents avec tout autant de férocité. Plus troublant encore est notre propre participation au péché, comme malgré nous. Mais n'étant pas menteurs, nous reconnaissons nos péchés et nous en sommes pardonnés. Jésus échappe à Hérode pour mieux nous sauver sur la Croix. ■

***Nicolas Tarralle**, prêtre assomptionniste*

❊ CLÉ DE LECTURE

« C'est Rachel » Matthieu 2, 18 *(p. 206)*

Inspiré peut-être par la cruauté du roi Hérode le Grand qui fit massacrer nombre de ses fils et de ses petits-fils, l'épisode permet surtout à Matthieu de calquer l'enfance de Jésus sur les pires moments de détresse d'Israël. Rachel, la mère de Jacob, enterrée à Bethléem, est l'ancêtre des Israélites du Nord déportés par les Assyriens en 721 avant notre ère. Et c'est à Rama que furent rassemblés les Judéens emmenés en exil à Babylone en 587 avant J.-C. (cf. Jr 31, 15 ; 40, 1). Ainsi Jésus enfant est-il censé revivre tous les exils de son peuple. Matthieu fera aussi revenir l'enfant d'Égypte comme un nouveau Moïse, pour que s'accomplisse en Jésus la parole du prophète Osée : « D'Égypte, j'ai ramené mon fils » (cf. Os 11, 1), en lui convergent toutes les promesses faites à Israël. ■

***Roselyne Dupont-Roc**, bibliste*

DIMANCHE 29 DÉCEMBRE 2024

LA SAINTE FAMILLE DE JÉSUS, MARIE ET JOSEPH

ANNÉE C – COULEUR LITURGIQUE : BLANC

« Ils le trouvèrent dans le Temple. »
Luc 2, 46

Dans l'octave de la Nativité, ce dimanche célèbre la Sainte Famille que Dieu a voulue pour son Fils. Que toutes nos familles vivent toujours mieux ce choix de Dieu qui leur donne une mission dans le monde. Qu'elles se laissent combler d'un amour sans limites et témoignent, par leur vie, de la fécondité de la tendresse.

RITES INITIAUX

Chant d'entrée *(Suggestions p. 263)*

OU

Antienne d'ouverture

Les bergers vinrent en hâte, et ils découvrirent Marie et Joseph, avec le nouveau-né couché dans la mangeoire.

(Lc 2, 16)

Suggestion de préparation pénitentielle *(ou p. 235)*

Frères et sœurs, il nous est parfois difficile de nous aimer les uns les autres. En confessant nos péchés, demandons la miséricorde du Seigneur.

Seigneur Jésus, Fils de Dieu, né de Marie, apprends-nous à aimer nos frères, prends pitié de nous.

— Prends pitié de nous.

Ô Christ, tu t'es fait l'un de nous pour racheter tous les pécheurs, prends pitié de nous.

— Prends pitié de nous.

Seigneur, tu nous révèles le visage du Père, donne-nous ton Esprit, prends pitié de nous.

— Prends pitié de nous.

Que Dieu tout-puissant nous fasse miséricorde ; qu'il nous pardonne nos péchés et nous conduise à la vie éternelle. ***— Amen.***

Gloire à Dieu *(p. 237)*

Prière

Tu as voulu, Seigneur Dieu, que la Sainte Famille nous soit donnée en exemple ; accorde-nous, dans ta bonté, de pratiquer, comme elle, les vertus familiales et d'être unis par les liens de ton amour, afin de goûter la récompense éternelle dans la joie de ta maison. Par Jésus… ***— Amen.***

LITURGIE DE LA PAROLE

Lecture du premier livre de Samuel (1, 20-22.24-28)

« Samuel demeurera à la disposition du Seigneur tous les jours de sa vie »

Elcana s'unit à Anne sa femme, et le Seigneur se souvint d'elle. Anne conçut et, le temps venu, elle enfanta un fils ; elle lui donna le nom de Samuel (c'est-à-dire : Dieu exauce) car, disait-elle, « Je l'ai demandé au Seigneur. » Elcana, son mari, monta au sanctuaire avec toute sa famille pour offrir au Seigneur le sacrifice annuel et s'acquitter du vœu pour la naissance de l'enfant. Mais Anne n'y monta pas. Elle dit à son mari : « Quand l'enfant sera sevré, je l'emmènerai : il sera présenté au Seigneur, et il restera là pour toujours. » Lorsque Samuel fut sevré, Anne, sa mère, le conduisit à la maison du Seigneur, à Silo ; l'enfant était encore tout jeune. Anne avait pris avec elle un taureau de trois ans, un sac

de farine et une outre de vin. On offrit le taureau en sacrifice, et on amena l'enfant au prêtre Éli. Anne lui dit alors : « Écoute-moi, mon seigneur, je t'en prie ! Aussi vrai que tu es vivant, je suis cette femme qui se tenait ici près de toi pour prier le Seigneur. C'est pour obtenir cet enfant que je priais, et le Seigneur me l'a donné en réponse à ma demande. À mon tour je le donne au Seigneur pour qu'il en dispose. Il demeurera à la disposition du Seigneur tous les jours de sa vie. » Alors ils se prosternèrent devant le Seigneur.
– Parole du Seigneur.

Psaume 83 (84)

℟ ***Heureux les habitants de ta maison, Seigneur !***

Heu - reux les ha - bi - tants de ta mai-son, Sei - gneur !

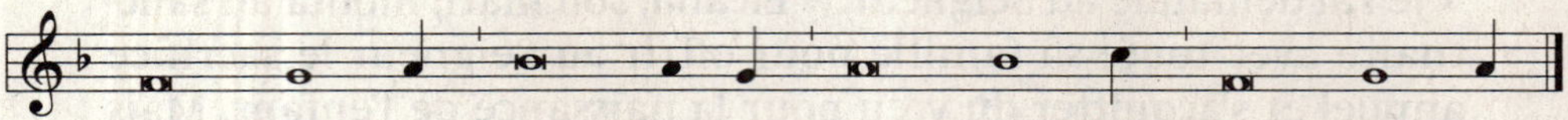

T. : AELF ; M. : L. Groslambert ; Éd. : ADF.

De quel amour sont aimées tes demeures,
Seigneur, Dieu de l'univers.
Mon âme s'épuise à désirer les parvis du Seigneur ;
mon cœur et ma chair sont un cri vers le Dieu vivant ! ℟

Heureux les habitants de ta maison :
ils pourront te chanter encore !
Heureux les hommes dont tu es la force :
des chemins s'ouvrent dans leur cœur ! ℟

Retrouvez ce psaume sur le CD "Les psaumes de l'année C"

Seigneur, Dieu de l'univers, entends ma prière ;
écoute, Dieu de Jacob.
Dieu, vois notre bouclier,
regarde le visage de ton messie. ℟

Lecture de la première lettre de saint Jean (3, 1-2.21-24)

« Nous sommes appelés enfants de Dieu – et nous le sommes »

Bien-aimés, voyez quel grand amour nous a donné le Père pour que nous soyons appelés enfants de Dieu – et nous le sommes. Voici pourquoi le monde ne nous connaît pas : c'est qu'il n'a pas connu Dieu. Bien-aimés, dès maintenant, nous sommes enfants de Dieu, mais ce que nous serons n'a pas encore été manifesté. Nous le savons : quand cela sera manifesté, nous lui serons semblables car nous le verrons tel qu'il est. Bien-aimés, si notre cœur ne nous accuse pas, nous avons de l'assurance devant Dieu. Quoi que nous demandions à Dieu, nous le recevons de lui, parce que nous gardons ses commandements, et que nous faisons ce qui est agréable à ses yeux. Or, voici son commandement : mettre notre foi dans le nom de son Fils Jésus Christ, et nous aimer les uns les

autres comme il nous l'a commandé. Celui qui garde ses commandements demeure en Dieu, et Dieu en lui ; et voilà comment nous reconnaissons qu'il demeure en nous, puisqu'il nous a donné part à son Esprit. – Parole du Seigneur.

Acclamation de l'Évangile

Alléluia. Alléluia. Seigneur, ouvre notre cœur pour nous rendre attentifs aux paroles de ton Fils. ***Alléluia.***

U 76-98 ; T. : AELF ; M. : P. Robert.

Évangile de Jésus Christ selon saint Luc (2, 41-52)

« Les parents de Jésus le trouvèrent au milieu des docteurs de la Loi »

Chaque année, les parents de Jésus se rendaient à Jérusalem pour la fête de la Pâque. Quand il eut douze ans, ils montèrent en pèlerinage suivant la coutume. À la fin de la fête, comme ils

s'en retournaient, le jeune Jésus resta à Jérusalem à l'insu de ses parents. Pensant qu'il était dans le convoi des pèlerins, ils firent une journée de chemin avant de le chercher parmi leurs parents et connaissances. Ne le trouvant pas, ils retournèrent à Jérusalem, en continuant à le chercher.
C'est au bout de trois jours qu'ils le trouvèrent dans le Temple, assis au milieu des docteurs de la Loi : il les écoutait et leur posait des questions, et tous ceux qui l'entendaient s'extasiaient sur son intelligence et sur ses réponses. En le voyant, ses parents furent frappés d'étonnement, et sa mère lui dit : « Mon enfant, pourquoi nous as-tu fait cela ? Vois comme ton père et moi, nous avons souffert en te cherchant ! » Il leur dit : « Comment se fait-il que vous m'ayez cherché ? Ne saviez-vous pas qu'il me faut être chez mon Père ? » Mais ils ne comprirent pas ce qu'il leur disait.
Il descendit avec eux pour se rendre à Nazareth, et il leur était soumis. Sa mère gardait dans son cœur tous ces événements. Quant à Jésus, il grandissait en sagesse, en taille et en grâce, devant Dieu et devant les hommes.

Homélie

Profession de foi (p. 238)

Suggestion de prière universelle

Le prêtre :

La fête de la Sainte Famille nous remplit de joie : Dieu fait homme a voulu grandir auprès d'une mère et d'un père. Prions pour toutes les familles, qu'elles soient unies dans l'amour.

℟ ***Dieu très bon, écoute nos appels.***

B 19 Musique et liturgie ; T. et M. : Pape Gelase ; T. : transcription J. Gélineau.

Le diacre ou un lecteur :

Avec Anne et son mari, nous te rendons grâce, Dieu d'amour. Et nous confions à ta sollicitude les parents en désir d'enfant : que l'Église les accompagne dans la confiance, nous t'en prions. ℟

Avec les générations qui nous ont précédés et qui ont chanté ton Nom, nous te louons, Dieu de l'univers. Et nous confions à ta bonté les chrétiens menacés dans certains pays : que les grands dirigeants du monde cherchent à établir partout la liberté religieuse, nous t'en prions. ℟

Avec saint Jean parlant des « enfants de Dieu », nous te bénissons, Dieu très saint. Et nous confions à ta tendresse les enfants baptisés : que leurs familles les aident à découvrir avec joie que tu es notre Père et que tu nous aimes infiniment, nous t'en prions. ℟

Avec Marie et Joseph qui n'ont pas été épargnés par les soucis, nous te supplions, Dieu miséricordieux. Sois le soutien des parents qui traversent de lourdes épreuves pour leurs enfants et redis-leur la promesse de ton amour, nous t'en prions. ℟

(Ces intentions seront adaptées ou modifiées selon les circonstances. On peut aussi s'inspirer de l'intention universelle du Saint-Père, p. 6.)

Le prêtre :

Par l'intercession de la Sainte Famille de Nazareth, nous te prions, Dieu notre Père, pour la grande famille humaine et pour chacune de nos familles. Qu'elles connaissent la paix et l'unité, qu'elles proclament ton amour. Par le Christ, notre Seigneur. ***— Amen.***

LITURGIE EUCHARISTIQUE

Prière sur les offrandes

En t'offrant, Seigneur, le sacrifice qui nous réconcilie avec toi, nous te supplions humblement : à la prière de la Vierge, la Mère de Dieu, et à la prière de saint Joseph, affermis nos familles dans ta grâce et dans ta paix. Par le Christ, notre Seigneur. ***— Amen.***

Prière eucharistique *(Préface de la Nativité, p. 242)*

Chant de communion *(Suggestions p. 263)*

OU

Antienne de la communion

Notre Dieu est apparu sur la terre et il a vécu parmi les hommes.

(cf. Ba 3, 38)

Prière après la communion

Tu refais nos forces, Père très aimant, par le sacrement du ciel : donne-nous de toujours imiter les vertus de la Sainte Famille et, après les épreuves de cette vie, d'obtenir avec elle le bonheur sans fin. Par le Christ, notre Seigneur. — ***Amen.***

RITE DE CONCLUSION

Bénédiction

Envoi

COMMENTAIRE DU DIMANCHE

Anne Da, xavière

« Il me faut être chez mon Père »

Le récit évangélique présente Jésus enfant, puis adolescent grandissant en sagesse, en taille et en grâce. L'obéissance, le respect de Jésus pour ses parents servent de cadre au récit. Il ne s'agit donc pas d'une fugue ni d'une crise que Jésus adolescent vivrait dans son rapport à ses parents. Il s'agit plutôt d'entendre et d'admirer la maturité de Jésus qui, comme tout enfant juif, atteint l'âge de la bar-mitzvah, ce rituel qui marque l'étape de sa majorité religieuse et l'autorise à lire la parole de Dieu pour l'assemblée. L'évangéliste Luc présente Jésus doué d'une capacité d'écoute, d'une intelligence aiguisée qui suscitent l'admiration des docteurs de la Loi.

Au Temple, Jésus manifeste une grande liberté, une détermination par la prise de distance d'avec ses parents. Il s'affirme •••

••• comme le Fils bien-aimé du Père, avant d'être l'enfant de ses parents. Jésus, né de Marie est envoyé par le Père pour « rassembler dans l'unité tous les enfants de Dieu dispersés ».
La liturgie donne à entendre les textes en écho : Anne, exaucée par le Seigneur, reçoit de donner naissance à un fils. En signe de reconnaissance, elle confie l'enfant à Éli. Samuel est ainsi consacré au Seigneur. Marie et Joseph sont appelés à entendre dans le positionnement de leur fils que le temps est venu pour Jésus d'annoncer publiquement sa mission : vivre en Fils bien-aimé en étant aux affaires du Père.

Comment entendre pour moi la détermination de Jésus à être aux affaires du Père ? Quelle résonance pour ma relation au Père ?

Comment aider un jeune à grandir en liberté et entendre l'appel du Père ? ■

Prions en Église junior

LIRE L'ÉVANGILE AVEC LES ENFANTS

CE QUE JE DÉCOUVRE

Imagine la surprise de Marie et Joseph en voyant Jésus dans le Temple. À 12 ans, il discute avec les spécialistes de la religion, pour qui il est très intelligent. Si Jésus est l'enfant de Marie et de Joseph, **il est aussi le Fils de Dieu, le Fils du Père.** Nous sommes tous fils de Dieu, mais Jésus est **Dieu lui-même, Dieu fait homme, par amour pour nous.** La sagesse dont il fait preuve à cet âge-là annonce déjà les trois années de sa vie adulte durant lesquelles il proclamera la Bonne Nouvelle à toute la Création.

CE QUE JE VIS

Tes parents sont-ils parfois surpris par les paroles que tu peux leur dire ? Si tu avais été à la place de Jésus, qu'aurais-tu répondu à tes parents au moment des retrouvailles ?
Dans ta prière, confie ta famille à la Vierge Marie en priant le Je vous salue Marie.

Texte : Thibault Van Den Driessche. Illustrations : Marcelino Truong

MÉDITATION BIBLIQUE

LA SAINTE FAMILLE DE JÉSUS, MARIE ET JOSEPH

1er livre de Samuel 1, 20-22.24-28 ; Évangile selon saint Luc 2, 41-52

La circulation du don

La Bible invite à découvrir que l'univers crée par Dieu est, en son cœur, relations de dons.

Le temps de la préparation

« Voyez quel grand amour nous a donné le Père pour que nous soyons appelés enfants de Dieu – et nous le sommes. » (1 Jn 3, 1)

Le temps de l'observation

Anne a désiré plus que tout l'enfant qui vient de naître. Mais elle sait que l'accomplissement de son désir ne peut accaparer le don reçu de Dieu. Selon la Torah, tout premier né mâle appartient au Seigneur. Concernant Anne, son attitude et ses paroles montrent qu'il ne s'agit pas seulement de l'obéissance à un acte législatif. Elle chemine dans une écoute et une compréhension intimes de la parole de Dieu. Dans son dialogue avec Éli, en quelques mots simples, elle témoigne que son enfant n'est pas sa propriété. Même si elle a immensément désiré lui donner naissance, elle reconnaît au plus profond d'elle-même que l'origine de Samuel, son fils, vient de Dieu. En le consacrant, dès son plus jeune âge au Temple, elle pose un acte radical. Ce geste donne à voir l'invisible. Anne reconnaît qu'un don ne se garde pas. Il doit être mis au service dans un geste de décentrement. C'est en cela qu'Anne est la servante du Seigneur.

Le temps de la méditation

Le rite tel que la Bible le déploie a notamment pour objectif de rendre visibles les mouvements internes qui constituent le cœur de la vie. Anne pose un acte religieux fort. Elle peut le faire parce qu'elle comprend de l'intérieur le poids de son action. Offrir Samuel au Temple est le fruit d'une écoute, la même écoute déjà gravée dans le nom de Samuel. Ce sens profond, Jésus le rappelle à ses parents au moment de la fête de Pâque. Alors qu'ils le retrouvent après l'avoir perdu, Jésus s'étonne de leur inquiétude. « Ne saviez-vous pas qu'il me faut être chez mon Père ? » Pour lui, les choses sont claires. Aller au pèlerinage au Temple n'est pas une simple activité, une action à accomplir pour être en règle. L'Évangile montre que, malgré son jeune âge, il a une conscience aiguë de la fonction des rites : faire circuler le don, habiter la relation au Seigneur, ne pas accaparer les dons reçus. Déjà, Jésus incarne pleinement la Parole.

Le temps de la prière

« Heureux les habitants de ta maison : ils pourront te chanter encore ! Heureux les hommes dont tu es la force : des chemins s'ouvrent dans leur cœur ! » (Ps 83, 5-6) ■

Marie-Laure Durand, bibliste

29 - 31

LA VIE EN PHOTO

LA SAINTE FAMILLE DE JÉSUS, MARIE ET JOSEPH

Simple famille

Ici on est. Ici on prie. Ici on aime, aussi. Ici, on est ce qu'on est, tel qu'on est. Ici on renaît à qui l'on est vraiment. Ici on est debout ou bien assis. D'abord debout : intérieurement.
Parce qu'ici on est famille. La fameuse famille qui rassemble sans qu'on se ressemble : les bonnets verts, les beiges, les gris, les sans-bonnet, les vestes jaunes, les noires, les rouges, et celles qu'on a retirées parce que le cœur était déjà chaud.
La famille qui rassemble au-delà de ce qui semble, et forme un bel ensemble pour dire, pour rire, pour boire, pour voir, pour manger : pas seulement le bon pain du boulanger. Manger ces bouts de soi qu'on s'offre, ces tranches de vie, ces petits pains de communion. Parce qu'ici on est.
Ici on prie. Ici on aime, aussi. On est famille. Simple famille. ■

Thierry Lemoine, *poète*

« Ainsi donc, vous n'êtes plus des étrangers ni des gens de passage, vous êtes concitoyens des saints, vous êtes membres de la famille de Dieu. » Éphésiens 2, 19

Réveillon de Noël avec des sans-abris aux « Iris » de Marseille (13).
© Christophe Hargoues / Secours Catholique

LUNDI 30 DÉCEMBRE 2024

TEMPS DE NOËL COULEUR LITURGIQUE : BLANC

6e jour dans l'octave de la Nativité

Antienne d'ouverture

Un silence paisible enveloppait toute chose,
et la nuit en était au milieu de son cours ; alors, ta Parole toute-puissante,
Seigneur, vint du ciel, de ton trône royal. (cf. Sg 18, 14-15)

Gloire à Dieu *(p. 237)*

Prière

Nous t'en prions, Dieu tout-puissant : nous ployons sous le joug du péché qui depuis longtemps nous tient en esclavage : donne-nous la délivrance par l'incomparable naissance en notre chair de ton Fils unique, Jésus Christ. Lui qui…

— Amen.

Lecture

de la première lettre de saint Jean (2, 12-17)

« Celui qui fait la volonté de Dieu demeure pour toujours »

Je vous l'écris, petits enfants : Vos péchés vous sont remis à cause du nom de Jésus. Je vous l'écris, parents : Vous connaissez celui qui existe depuis le commencement. Je vous l'écris, jeunes gens : Vous avez vaincu le Mauvais. Je vous l'ai écrit, enfants : Vous connaissez le Père. Je vous l'ai écrit, parents : Vous connaissez celui qui existe depuis le commencement. Je vous l'ai écrit, jeunes gens : Vous êtes forts, la parole de Dieu demeure en vous, vous avez vaincu le Mauvais. N'aimez pas le monde, ni ce qui est dans le monde. Si quelqu'un aime le monde, l'amour du Père n'est pas en lui. Tout ce qu'il y a dans le monde – la convoitise de la chair, la convoitise des yeux, l'arrogance de la richesse –, tout cela ne vient pas du Père, mais du monde. Or, le monde passe, et sa convoitise avec lui. Mais celui qui fait la volonté de Dieu demeure pour toujours. – Parole du Seigneur.

Psaume 95 (96)

℟ ***Joie au ciel ! Exulte la terre !***

Rendez au Seigneur, familles des peuples,
rendez au Seigneur la gloire et la puissance,
rendez au Seigneur la gloire de son nom. ℟

Apportez votre offrande,
entrez dans ses parvis,
adorez le Seigneur, éblouissant de sainteté :
tremblez devant lui, terre entière. ℟

Allez dire aux nations : « Le Seigneur est roi ! »
Le monde, inébranlable, tient bon.
Il gouverne les peuples avec droiture. ℟

Acclamation de l'Évangile

Alléluia. Alléluia. Aujourd'hui la lumière a brillé sur la terre. Peuples de l'univers, entrez dans la clarté de Dieu. Venez tous adorer le Seigneur ! ***Alléluia.***

Évangile de Jésus Christ

selon saint Luc (2, 36-40)

« Elle parlait de l'enfant à tous ceux qui attendaient la délivrance de Jérusalem »

En ce temps-là, quand les parents de Jésus vinrent le présenter au Temple, il y avait aussi une femme prophète, Anne, fille de Phanuel, de la tribu d'Aser. Elle était très avancée en âge ; après sept ans de mariage, demeurée veuve, elle était arrivée à l'âge de 84 ans. Elle ne s'éloignait pas du Temple, servant Dieu jour et nuit dans le jeûne et la prière. Survenant à cette heure même, elle proclamait les louanges de Dieu et parlait de l'enfant à tous ceux qui attendaient la délivrance de Jérusalem.

Lorsqu'ils eurent achevé tout ce que prescrivait la loi du Seigneur, ils retournèrent en Galilée, dans leur ville de Nazareth. L'enfant, lui, grandissait et se fortifiait, rempli de sagesse, et la grâce de Dieu était sur lui.

Prière sur les offrandes

Reçois favorablement, nous t'en prions, Seigneur, les dons présentés par ton peuple : que tous obtiennent par tes sacrements ce qu'ils proclament dans la ferveur de la foi. Par le Christ, notre Seigneur. ***— Amen.***

Préface de la Nativité, p. 242.

Antienne de la communion

Tous, nous avons eu part
à la plénitude du Christ,
et reçu grâce après grâce. (cf. Jn 1, 16)

Prière après la communion
Seigneur Dieu, toi qui viens jusqu'à nous quand nous participons à ce sacrement, produis en nos cœurs les fruits de ce mystère, pour que tes propres dons nous préparent à recevoir ce que tu nous donnes. Par le Christ, notre Seigneur. ***— Amen.***

INVITATION

Nous avons accueilli le Prince de la paix.
Et si, moi aussi, je faisais la paix avec quelqu'un de mon entourage ?

COMMENTAIRE

Les permanentes de la prière

Luc 2, 36-40

Le souvenir de cette veuve avancée en âge, vivant aux abords du Temple dans le jeûne et la prière, a dû marquer si profondément Marie et Joseph qu'ils ont retenu son nom et celui de sa lignée, la transmettant à leurs proches. Honorer sa mémoire, c'est rendre hommage à toutes les femmes, usées par le poids des années, permanentes de la prière. Aux cœurs de nos églises, elles assurent une ligne de vie entre la terre et le ciel. ■

Sœur Bénédicte de la Croix, cistercienne

MARDI 31 DÉCEMBRE 2024

TEMPS DE NOËL COULEUR LITURGIQUE : BLANC

7e jour dans l'octave de la Nativité

(Saint Sylvestre)

Antienne d'ouverture

Un enfant nous est né, un fils nous a été donné !
Sur son épaule est le signe du pouvoir ; on proclame son nom :
Ange du grand conseil. (cf. Is 9, 5)

Gloire à Dieu *(p. 237)*

Prière

Dieu éternel et tout-puissant, tu as voulu que l'origine et l'achèvement de toute la religion se trouvent dans la naissance de ton Fils ; nous t'en prions, accorde-nous d'être comptés parmi ceux qui appartiennent au Christ en qui réside la plénitude du salut de l'humanité. Lui qui… ***— Amen.***

Lecture

de la première lettre de saint Jean (2, 18-21)

« C'est de celui qui est saint que vous tenez l'onction, et vous avez tous la connaissance »

Mes enfants, c'est la dernière heure et, comme vous l'avez appris, un anti-Christ*, un adversaire du Christ, doit venir ; or, il y a dès maintenant beaucoup d'anti-Christs ; nous savons ainsi que c'est la dernière

heure. Ils sont sortis de chez nous mais ils n'étaient pas des nôtres ; s'ils avaient été des nôtres, ils seraient demeurés avec nous. Mais pas un d'entre eux n'est des nôtres, et cela devait être manifesté. Quant à vous, c'est de celui qui est saint que vous tenez l'onction, et vous avez tous la connaissance. Je ne vous ai pas écrit que vous ignorez la vérité, mais que vous la connaissez, et que de la vérité ne vient aucun mensonge. – Parole du Seigneur.

Psaume 95 (96)

℟ ***Joie au ciel ! Exulte la terre !***

Chantez au Seigneur un chant nouveau,
chantez au Seigneur, terre entière,
chantez au Seigneur
et bénissez son nom ! ℟

Joie au ciel ! Exulte la terre !
Les masses de la mer mugissent,
la campagne tout entière est en fête. ℟

Les arbres des forêts dansent de joie
devant la face du Seigneur, car il vient,
car il vient pour juger la terre. ℟

Acclamation de l'Évangile

Alléluia, Alléluia. Le Verbe s'est fait chair, il a établi parmi nous sa demeure. À tous ceux qui l'ont reçu, il a donné de pouvoir devenir enfants de Dieu. ***Alléluia.***

Évangile de Jésus Christ

selon saint Jean (1, 1-18)

Le Verbe s'est fait chair

Au commencement était le Verbe, et le Verbe était auprès de Dieu, et le Verbe était Dieu. Il était au commencement auprès de Dieu. C'est par lui que tout est venu à l'existence, et rien de ce qui s'est fait ne s'est fait sans lui. En lui était la vie, et la vie était la lumière des hommes ; la lumière brille dans les ténèbres, et les ténèbres ne l'ont pas arrêtée.

Il y eut un homme envoyé par Dieu ; son nom était Jean. Il est venu comme témoin, pour rendre témoignage à la Lumière, afin que tous croient par lui. Cet homme n'était pas la Lumière, mais il était là pour rendre témoignage à la Lumière.

Le Verbe était la vraie Lumière, qui éclaire tout homme en venant dans le monde. Il était dans le monde, et le monde était venu par lui à l'existence, mais le monde ne l'a pas reconnu. Il est venu chez lui, et les siens ne l'ont pas reçu. Mais à tous ceux qui l'ont reçu, il a donné de pouvoir devenir enfants de Dieu, eux qui croient en son nom. Ils ne sont pas nés du sang, ni d'une volonté charnelle, ni d'une volonté d'homme : ils sont nés de Dieu. Et le Verbe s'est fait chair, il a habité parmi nous, et nous avons vu sa gloire, la gloire qu'il tient de son Père comme Fils unique, plein de grâce et de vérité.

Jean le Baptiste lui rend témoignage en proclamant : « C'est de lui que j'ai dit : Celui qui vient derrière moi est passé devant moi, car avant moi il était. » Tous nous avons eu part à sa plénitude, nous avons reçu grâce après grâce ; car la Loi fut donnée par Moïse, la grâce et la vérité sont venues

par Jésus Christ. Dieu, personne ne l'a jamais vu; le Fils unique, lui qui est Dieu, lui qui est dans le sein du Père, c'est lui qui l'a fait connaître.

Prière sur les offrandes

Seigneur Dieu, source de la piété véritable et de la paix, nous t'en prions, accorde-nous d'honorer dignement ta gloire par cette offrande; que, dans la participation fidèle aux saints mystères, nous prenions davantage conscience de notre unité. Par le Christ, notre Seigneur. ***— Amen.*** *Préface de la Nativité, p. 242.*

Antienne de la communion

Dieu a envoyé son Fils unique
dans le monde pour que nous vivions
par lui.
(1 Jn 4, 9)

Prière après la communion

Ton peuple, Seigneur, a besoin de multiples secours pour sa traversée d'ici-bas; que ta tendresse lui accorde ceux de la vie présente comme ceux de la vie future : trouvant alors le réconfort nécessaire dans les choses qui passent, il recherchera les biens éternels avec plus de confiance. Par le Christ, notre Seigneur. ***— Amen.***

INVITATION

En ce dernier jour de 2024, je rends grâce au Seigneur pour une personne qui a illuminé ma route cette année.

COMMENTAIRE

Un viatique pour le nouvel an Jean 1, 1-18

Quel paradoxe de clore l'année civile avec les mots du Prologue de saint Jean : « Au commencement » ! À l'origine de toutes choses, le Verbe de Dieu, Parole créatrice, toujours à l'œuvre. Quels que soient les aléas de nos existences et les turbulences de l'histoire, il demeure Vie et Lumière. Les ténèbres les plus épaisses ne peuvent arrêter sa course ! Un viatique pour aborder ce moment charnière, l'espérance chevillée au cœur. ■

Sœur Bénédicte de la Croix, *cistercienne*

❊ CLÉ DE LECTURE

« Anti-Christ » 1 Jean 2, 20 *(p. 230)*

La lettre met en garde une communauté divisée. Des voix se sont élevées, refusant que le Christ puisse être la personne humaine qu'est Jésus, d'une humanité pour eux définitivement condamnée. L'auteur réagit vigoureusement et les appelle des « anti-Christ » ! Il n'invite pas à les exclure, il constate qu'ils sont partis d'eux-mêmes. Ils ne peuvent rester chrétiens en niant la pleine humanité du Christ. La lettre pose la difficile question de la vérité sur la personne de Jésus Christ. Elle affirme que les chrétiens, pénétrés par l'onction qui est la force de l'Esprit à l'écoute de l'Évangile, trouvent la vérité non dans un enseignement mais dans la connaissance personnelle du Dieu Père de Jésus, et le refus de tout mensonge, en paroles ou en actes. ■

Roselyne Dupont-Roc, *bibliste*

Liturgie de la messe

RITES INITIAUX

Le chant d'entrée achevé, le prêtre et les fidèles, debout, font le signe de la croix, tandis que le prêtre, tourné vers le peuple, dit :

Au nom du Père, et du Fils, et du Saint-Esprit.

Le peuple répond :

— Amen.

Salutation

La grâce de Jésus, le Christ, notre Seigneur, l'amour de Dieu le Père, et la communion de l'Esprit Saint soient toujours avec vous.

— Et avec votre esprit.

Ou bien : Que la grâce et la paix de Dieu notre Père et du Seigneur Jésus, le Christ, soient toujours avec vous.

— Et avec votre esprit.

Ou bien : Le Seigneur soit avec vous.

— Et avec votre esprit.

Acte pénitentiel

Frères et sœurs, préparons-nous à célébrer le mystère de l'eucharistie, en reconnaissant que nous avons péché.

(1) Je confesse à Dieu tout-puissant, je reconnais devant vous, frères et sœurs, que j'ai péché en pensée, en parole, par action et par omission ; oui, j'ai vraiment péché. C'est pourquoi je supplie la bienheureuse Vierge Marie, les anges et tous les saints, et vous aussi, frères et sœurs, de prier pour moi le Seigneur notre Dieu.

(2) Prends pitié de nous, Seigneur. ***— Nous avons péché contre toi.***
Montre-nous, Seigneur, ta miséricorde. ***— Et donne-nous ton salut.***

(3) Seigneur Jésus, envoyé pour guérir les cœurs qui reviennent vers toi :
Seigneur, prends pitié. ***— Seigneur, prends pitié.***
Ô Christ, venu appeler les pécheurs : ô Christ, prends pitié.
— Ô Christ, prends pitié.
Seigneur, qui sièges à la droite du Père où tu intercèdes pour nous :
Seigneur, prends pitié. ***— Seigneur, prends pitié.***

Que Dieu tout-puissant nous fasse miséricorde ; qu'il nous pardonne nos péchés et nous conduise à la vie éternelle. ***— Amen.***

Ensuite, on chante ou on dit le Kyrie eleison (Seigneur, prends pitié), à moins qu'il n'ait été déjà employé dans une formule de l'acte pénitentiel (c'est le cas de la précédente).

Kyrie, eleison. ***— Kyrie, eleison.***
Christe, eleison. ***— Christe, eleison.***
Kyrie, eleison. ***— Kyrie, eleison.***
ou bien : Seigneur, prends pitié. ***— Seigneur, prends pitié.***
Ô Christ, prends pitié. ***— Ô Christ, prends pitié.***
Seigneur, prends pitié. ***— Seigneur, prends pitié.***

Gloire à Dieu

Gloire à Dieu, au plus haut des cieux, et paix sur la terre aux hommes,
qu'il aime. Nous te louons, nous te bénissons, nous t'adorons,
nous te glorifions, nous te rendons grâce, pour ton immense gloire,
Seigneur Dieu, Roi du ciel, Dieu le Père tout-puissant.
Seigneur, Fils unique, Jésus Christ, Seigneur Dieu,
Agneau de Dieu, le Fils du Père ;
toi qui enlèves les péchés du monde, prends pitié de nous ;
toi qui enlèves les péchés du monde, reçois notre prière ;
toi qui es assis à la droite du Père, prends pitié de nous.
Car toi seul es Saint, toi seul es Seigneur, toi seul es le Très-Haut :
Jésus Christ, avec le Saint-Esprit dans la gloire de Dieu le Père. Amen.

Gloria in excelsis Deo et in terra pax hominibus bonæ voluntatis. Laudamus te, benedicimus te, adoramus te, glorificamus te, gratias agimus tibi propter magnam gloriam tuam, Domine Deus, Rex cælestis, Deus Pater omnipotens. Domine Fili unigenite, Iesu Christe, Domine Deus, Agnus Dei, Filius Patris, qui tollis peccata mundi, miserere nobis ; qui tollis peccata mundi, suscipe deprecationem nostram. Qui sedes ad dexteram Patris, miserere nobis.
Quoniam tu solus Sanctus, tu solus Dominus, tu solus Altissimus,
Iesu Christe, cum Sancto Spiritu : in gloria Dei Patris. Amen.

Prière d'ouverture

Voir à la date du jour.

LITURGIE DE LA PAROLE

Voir à la date du jour.

Profession de foi

Symbole de Nicée-Constantinople

Je crois en un seul Dieu, le Père tout-puissant,
créateur du ciel et de la terre, de l'univers visible et invisible.
Je crois en un seul Seigneur, Jésus Christ, le Fils unique de Dieu,
né du Père avant tous les siècles : il est Dieu, né de Dieu,
lumière née de la lumière, vrai Dieu, né du vrai Dieu,
engendré, non pas créé, consubstantiel au Père, et par lui tout a été fait.
Pour nous les hommes, et pour notre salut, il descendit du ciel ;
par l'Esprit Saint, il a pris chair de la Vierge Marie, et s'est fait homme.
Crucifié pour nous sous Ponce Pilate,
il souffrit sa passion et fut mis au tombeau.
Il ressuscita le troisième jour, conformément aux Écritures,
et il monta au ciel ; il est assis à la droite du Père.
Il reviendra dans la gloire, pour juger les vivants et les morts ;
et son règne n'aura pas de fin.
Je crois en l'Esprit Saint, qui est Seigneur et qui donne la vie ;
il procède du Père et du Fils ; avec le Père et le Fils,
il reçoit même adoration et même gloire ; il a parlé par les prophètes.
Je crois en l'Église, une, sainte, catholique et apostolique.
Je reconnais un seul baptême pour le pardon des péchés.
J'attends la résurrection des morts, et la vie du monde à venir. Amen.

Credo in unum Deum, Patrem omnipotentem,
Factorem cæli et terræ, visibilium omnium et invisibilium.
Et in unum Dominum Iesum Christum, Filium Dei unigenitum,
et ex Patre natum ante omnia sæcula.
Deum de Deo, lumen de lumine, Deum verum de Deo vero, genitum,
non factum, consubstantialem Patri : per quem omnia facta sunt.
Qui propter nos homines et propter nostram salutem descendit de cælis.
Et incarnatus est de Spiritu Sancto ex Maria Virgine, et homo factus est.
Crucifixus etiam pro nobis sub Pontio Pilato ;
passus et sepultus est, et resurrexit tertia die, secundum Scripturas,
et ascendit in cælum, sedet ad dexteram Patris.
Et iterum venturus est cum gloria, iudicare vivos et mortuos,
cuius regni non erit finis.
Et in Spiritum Sanctum, Dominum et vivificantem :
qui ex Patre Filioque procedit.
Qui cum Patre et Filio simul adoratur et conglorificatur :
qui locutus est per prophetas.
Et unam, sanctam, catholicam et apostolicam Ecclesiam.
Confiteor unum baptisma in remissionem peccatorum.
Et exspecto resurrectionem mortuorum, et vitam venturi sæculi.
Amen.

Symbole des Apôtres

Je crois en Dieu, le Père tout-puissant, créateur du ciel et de la terre.
Et en Jésus Christ, son Fils unique, notre Seigneur,
qui a été conçu du Saint-Esprit, est né de la Vierge Marie,
a souffert sous Ponce Pilate, a été crucifié, est mort et a été enseveli,
est descendu aux enfers, le troisième jour est ressuscité des morts,
est monté aux cieux, est assis à la droite de Dieu le Père tout-puissant,
d'où il viendra juger les vivants et les morts.
Je crois en l'Esprit Saint, à la sainte Église catholique,
à la communion des saints, à la rémission des péchés,
à la résurrection de la chair, à la vie éternelle. Amen.

Prière universelle

LITURGIE EUCHARISTIQUE

Préparation des dons

Tu es béni, Seigneur, Dieu de l'univers : nous avons reçu de ta bonté le pain
que nous te présentons, fruit de la terre et du travail des hommes ;
il deviendra pour nous le pain de la vie. ***— Béni soit Dieu, maintenant et toujours !***

Comme cette eau se mêle au vin pour le sacrement de l'Alliance,
puissions-nous être unis à la divinité de celui qui a voulu prendre notre humanité.

Tu es béni, Seigneur, Dieu de l'univers : nous avons reçu de ta bonté le vin
que nous te présentons, fruit de la vigne et du travail des hommes ;
il deviendra pour nous le vin du Royaume éternel.
— Béni soit Dieu, maintenant et toujours !

Le cœur humble et contrit, nous te supplions, Seigneur, accueille-nous : que notre sacrifice, en ce jour, trouve grâce devant toi, Seigneur notre Dieu. Lave-moi de mes fautes, Seigneur, et purifie-moi de mon péché.

Prière sur les offrandes

Priez, frères et sœurs : que mon sacrifice, qui est aussi le vôtre, soit agréable à Dieu le Père tout-puissant.

— Que le Seigneur reçoive de vos mains ce sacrifice à la louange et à la gloire de son nom, pour notre bien et celui de toute l'Église.

Ou bien :

Prions ensemble, au moment d'offrir le sacrifice de toute l'Église.

— Pour la gloire de Dieu et le salut du monde.

Prière eucharistique

Le Seigneur soit avec vous. ***— Et avec votre esprit.***
Élevons notre cœur. ***— Nous le tournons vers le Seigneur.***
Rendons grâce au Seigneur notre Dieu. ***— Cela est juste et bon.***

Préfaces

1re préface de l'Avent

Les deux avènements du Christ

Vraiment, il est juste et bon, pour ta gloire et notre salut, de t'offrir notre action de grâce, toujours et en tout lieu, Seigneur, Père très saint, Dieu éternel et tout-puissant, par le Christ, notre Seigneur. Car il est déjà venu, en assumant l'humble condition de notre chair, pour accomplir l'éternel

dessein de ton amour et nous ouvrir à jamais le chemin du salut; il viendra de nouveau, revêtu de sa gloire, afin que nous possédions dans la pleine lumière les biens que tu nous as promis et que nous attendons en veillant dans la foi. C'est pourquoi, avec les anges et les archanges, avec les puissances d'en haut et tous les esprits bienheureux, nous chantons l'hymne de ta gloire et sans fin nous proclamons :
Saint ! Saint ! Saint…

2e préface de l'Avent

L'attente des deux avènements du Christ

Vraiment, il est juste et bon, pour ta gloire et notre salut, de t'offrir notre action de grâce, toujours et en tout lieu, Seigneur, Père très saint, Dieu éternel et tout-puissant, par le Christ, notre Seigneur. Il est celui que tous les prophètes avaient annoncé, celui que la Vierge Mère attendait dans le secret de son amour, celui dont Jean Baptiste a proclamé la venue et manifesté la présence. C'est lui qui nous donne la joie d'entrer déjà dans le mystère de Noël, pour qu'il nous trouve, quand il viendra, vigilants dans la prière et remplis d'allégresse. C'est pourquoi, avec les anges et les archanges, avec les puissances d'en haut et tous les esprits bienheureux, nous chantons l'hymne de ta gloire et sans fin nous proclamons : ***Saint ! Saint ! Saint…***

1re préface de la Nativité

Le Christ lumière

Vraiment, il est juste et bon, pour ta gloire et notre salut, de t'offrir notre action de grâce, toujours et en tout lieu, Seigneur, Père très saint, Dieu éternel et tout-puissant. Car la révélation de ta gloire s'est éclairée pour nous d'une lumière nouvelle dans le mystère du Verbe incarné. Maintenant, nous connaissons en lui Dieu qui s'est rendu visible à nos yeux, et nous sommes entraînés par lui à aimer ce qui demeure invisible. C'est pourquoi, avec les anges et les archanges, avec les puissances d'en haut et tous les esprits bienheureux, nous chantons l'hymne de ta gloire et sans fin nous proclamons : ***Saint ! Saint ! Saint…***

2e préface de la Nativité

La restauration universelle dans l'Incarnation

Vraiment, il est juste et bon, pour ta gloire et notre salut, de t'offrir notre action de grâce, toujours et en tout lieu, Seigneur, Père très saint, Dieu éternel et tout-puissant, par le Christ, notre Seigneur. Dans le mystère de la Nativité, celui qui par nature est invisible s'est rendu visible en notre chair ; engendré avant le temps, il entre dans le cours du temps. Relevant en lui la création déchue, il restaure toute chose et ramène l'homme perdu vers le royaume des Cieux. C'est pourquoi nous te louons avec tous les anges et, dans la joie, nous te célébrons en proclamant : ***Saint ! Saint ! Saint…***

3e préface de la Nativité

L'échange entre Dieu et les hommes dans l'Incarnation du Verbe

Vraiment, il est juste et bon, pour ta gloire et notre salut, de t'offrir notre action de grâce, toujours et en tout lieu, Seigneur, Père très saint, Dieu éternel et tout-puissant, par le Christ, notre Seigneur. Par lui resplendit en ce jour l'échange merveilleux où nous sommes régénérés : lorsque ton Verbe prend sur lui la fragilité humaine, notre condition mortelle en reçoit une infinie noblesse ; il devient tellement l'un de nous que nous devenons éternels. C'est pourquoi, unis au chœur des anges, nous te louons dans la joie en proclamant :

Saint ! Saint ! Saint…

1re préface de la Vierge Marie

La maternité de la bienheureuse Vierge Marie

Vraiment, il est juste et bon, pour ta gloire et notre salut, de t'offrir notre action de grâce, toujours et en tout lieu, Seigneur, Père très saint, Dieu éternel et tout-puissant. En ce jour où nous célébrons la *(nommer la fête)* de la bienheureuse Vierge Marie : … • où nous célébrons la mémoire de la bienheureuse Vierge Marie : … • où nous honorons la bienheureuse Vierge Marie : … nous voulons te chanter, te bénir et te glorifier. Car elle a conçu ton Fils unique lorsque le Saint-Esprit la couvrit de son ombre, et, gardant pour toujours la gloire de sa virginité, elle a donné au monde la lumière éternelle, Jésus, le Christ, notre Seigneur. Par lui, les anges célèbrent ta grandeur, et les esprits bienheureux adorent ta gloire ; par lui s'inclinent devant toi les puissances d'en haut et tressaillent d'une même allégresse les innombrables créatures des cieux. À leur hymne de louange, laisse-nous joindre nos voix pour chanter et proclamer :

Saint ! Saint ! Saint, le Seigneur,
Dieu de l'univers !
Le ciel et la terre
sont remplis de ta gloire.
Hosanna au plus haut des cieux.
Béni soit celui qui vient
au nom du Seigneur.
Hosanna au plus haut des cieux.

Sanctus, Sanctus, Sanctus
Dominus Deus Sabaoth.
Pleni sunt cæli et terra gloria tua.
Hosanna in excelsis.
Benedictus qui venit in nomine
Domini. Hosanna in excelsis.

• *Prière eucharistique* ***1***
« Toi, Père très aimant… » .... p. 245
• *Prière eucharistique* ***2***
« Toi qui es vraiment saint… » .... p. 249
• *Prière eucharistique* ***3***
« Tu es vraiment saint… » .... p. 252
• *Prière eucharistique* ***4***
« Père très saint… » .... p. 256

Prière eucharistique nº 1

(Préfaces : p. 241)

Toi, Père très aimant, nous te prions et te supplions par Jésus Christ, ton Fils, notre Seigneur, d'accepter et de bénir + ces dons, ces offrandes, sacrifice pur et saint, que nous te présentons avant tout pour ta sainte Église catholique : accorde-lui la paix et protège-la, daigne la rassembler dans l'unité et la gouverner par toute la terre ; nous les présentons en union avec ton serviteur notre pape N., notre évêque N., et tous ceux qui gardent fidèlement la foi catholique reçue des Apôtres.

Souviens-toi, Seigneur, de tes serviteurs et de tes servantes (de N. et de N.), et de tous ceux qui sont ici réunis, dont tu connais la foi et l'attachement. Nous t'offrons pour eux, ou ils t'offrent pour eux-mêmes et tous les leurs ce sacrifice de louange, pour leur propre rédemption, pour la paix, et le salut qu'ils espèrent ; ils te rendent cet hommage, à toi, Dieu éternel, vivant et vrai.

(1) **En semaine :**

• Unis dans une même communion, vénérant d'abord la mémoire de la bienheureuse Marie toujours vierge, Mère de notre Dieu et Seigneur, Jésus Christ, •••

(2) **Le dimanche :**

• Unis dans une même communion, nous célébrons le jour où le Christ est ressuscité d'entre les morts ; et vénérant d'abord la mémoire de la bienheureuse Marie toujours vierge, Mère de notre Dieu et Seigneur, Jésus Christ, •••

(3) **Pour l'Immaculée Conception :**

• Unis dans une même communion, nous célébrons le jour où la Vierge Marie a été conçue sans la faute originelle, puisque tu l'avais choisie pour être la Mère du Sauveur; et vénérant d'abord la mémoire de cette Vierge bienheureuse, la Mère de notre Dieu et Seigneur, Jésus Christ, •••

(4) **De la Nativité au 1er janvier :**

• Unis dans une même communion, nous célébrons (la nuit très sainte) le jour très saint où Marie, dans la gloire de sa virginité, enfanta le Sauveur du monde; et vénérant d'abord la mémoire de cette Vierge bienheureuse, la Mère de notre Dieu et Seigneur, Jésus Christ, •••

••• et celle de saint Joseph, son époux, des bienheureux Apôtres et martyrs Pierre et Paul, André, [Jacques et Jean, Thomas, Jacques et Philippe, Barthélemy et Matthieu, Simon et Jude, Lin, Clet, Clément, Sixte, Corneille et Cyprien, Laurent, Chrysogone, Jean et Paul, Côme et Damien,] et de tous les saints, nous t'en supplions : accorde-nous, par leur prière et leurs mérites, d'être toujours et partout, forts de ton secours et de ta protection. [Par le Christ, notre Seigneur. Amen.]

Voici donc l'offrande que nous présentons devant toi, nous, tes serviteurs, et ta famille entière : Seigneur, dans ta bienveillance, accepte-la. Assure toi-même la paix de notre vie, arrache-nous à la damnation éternelle et veuille nous admettre au nombre de tes élus. [Par le Christ, notre Seigneur. Amen.]

Seigneur Dieu, nous t'en prions, daigne bénir et accueillir cette offrande, accepte-la pleinement, rends-la parfaite et digne de toi : qu'elle devienne pour nous le corps et le sang de ton Fils bien-aimé, Jésus, le Christ, notre Seigneur.

Prière eucharistique n° 1

La veille de sa passion, il prit le pain dans ses mains très saintes et, les yeux levés au ciel, vers toi, Dieu, son Père tout-puissant, en te rendant grâce il dit la bénédiction, il rompit le pain, et le donna à ses disciples, en disant : **« Prenez, et mangez-en tous** : ceci est mon corps livré pour vous. » De même, après le repas, il prit cette coupe incomparable dans ses mains très saintes ; et, te rendant grâce à nouveau, il dit la bénédiction, et donna la coupe à ses disciples, en disant : **« Prenez, et buvez-en tous,** car ceci est la coupe de mon sang, le sang de l'Alliance nouvelle et éternelle, qui sera versé pour vous et pour la multitude en rémission des péchés. Vous ferez cela en mémoire de moi. »

(1) Il est grand, le mystère de la foi :
— Nous annonçons ta mort, Seigneur Jésus, nous proclamons ta résurrection, nous attendons ta venue dans la gloire.

(2) Acclamons le mystère de la foi :
— Quand nous mangeons ce pain et buvons à cette coupe, nous annonçons ta mort, Seigneur ressuscité, et nous attendons que tu viennes.

(3) Qu'il soit loué, le mystère de la foi :
— Sauveur du monde, sauve-nous ! Par ta croix et ta résurrection, tu nous as libérés.

ou :

Proclamons le mystère de la foi :
— Gloire à toi qui étais mort, gloire à toi qui es vivant, notre Sauveur et notre Dieu : viens, Seigneur Jésus !

Mysterium fidei.

(1) *– Mortem tuam annuntiamus, Domine, et tuam resurrectionem confitemur, donec venias.*

(2) *– Quotiescumque manducamus panem hunc et calicem bibimus, mortem tuam annuntiamus, Domine, donec venias.*

(3) *– Salvator mundi, salva nos, qui per crucem et resurrectionem tuam liberasti nos.*

Prière eucharistique n° 1

Voilà pourquoi nous, tes serviteurs, et ton peuple saint avec nous, faisant mémoire de la passion bienheureuse de ton Fils, Jésus, le Christ, notre Seigneur, de sa résurrection du séjour des morts et de sa glorieuse ascension dans le ciel, nous te présentons, Dieu de gloire et de majesté, cette offrande prélevée sur les biens que tu nous donnes, le sacrifice pur et saint, le sacrifice parfait, pain de la vie éternelle et coupe du salut. Et comme il t'a plu d'accueillir les présents de ton serviteur Abel le Juste, le sacrifice d'Abraham, notre père dans la foi, et celui que t'offrit Melkisédek, ton grand prêtre, oblation sainte et immaculée, regarde ces offrandes avec amour et, dans ta bienveillance, accepte-les. Nous t'en supplions, Dieu tout-puissant : qu'elles soient portées par les mains de ton saint Ange en présence de ta gloire, sur ton autel céleste, afin qu'en recevant ici, par notre communion à l'autel, le corps et le sang très saints de ton Fils, nous soyons comblés de la grâce et de toute bénédiction du ciel. [Par le Christ, notre Seigneur. Amen.]

Souviens-toi aussi, Seigneur, de tes serviteurs et de tes servantes (de N. et N.) qui nous ont précédés, marqués du signe de la foi, et qui dorment dans la paix. Pour eux et pour tous ceux qui reposent dans le Christ, nous implorons ta bonté, Seigneur : qu'ils demeurent dans la joie, la lumière et la paix. [Par le Christ, notre Seigneur. Amen.]

Et nous pécheurs, tes serviteurs, qui mettons notre espérance en ta miséricorde inépuisable, admets-nous dans la communauté des saints Apôtres et martyrs, avec Jean Baptiste, Étienne, Matthias et Barnabé, [Ignace, Alexandre, Marcellin et Pierre, Félicité et Perpétue, Agathe, Lucie, Agnès, Cécile, Anastasie,] et tous les saints ; nous t'en prions, accueille-nous dans leur compagnie, sans nous juger sur le mérite mais en accordant largement ton pardon. Par le Christ, notre Seigneur. Par lui, tu ne cesses de créer tous ces biens, tu les sanctifies, leur donnes la vie, les bénis, et nous en fais le don.

Par lui, avec lui et en lui, à toi, Dieu le Père tout-puissant, dans l'unité du Saint-Esprit, tout honneur et toute gloire, pour les siècles des siècles.

— Amen.

Vient ensuite le rite de la communion, p. 260.

Prière eucharistique nº 2

(On peut aussi choisir une autre préface.)

Vraiment, Père très saint, il est juste et bon, pour ta gloire et notre salut, de t'offrir notre action de grâce, toujours et en tout lieu, par ton Fils bien-aimé, Jésus, le Christ : il est ta parole par qui tu as créé toutes choses ; c'est lui que tu nous as envoyé comme Rédempteur et Sauveur, Dieu fait homme, conçu de l'Esprit Saint, né de la Vierge Marie. Pour accomplir jusqu'au bout ta volonté et rassembler un peuple saint qui t'appartienne, il étendit les mains à l'heure de sa passion, afin de briser la mort, et de manifester la résurrection. C'est pourquoi, avec les anges et tous les saints, nous chantons ta gloire, et d'une seule voix nous proclamons :

Saint ! Saint ! Saint, le Seigneur, Dieu de l'univers ! Le ciel et la terre sont remplis de ta gloire. Hosanna au plus haut des cieux. Béni soit celui qui vient au nom du Seigneur.
Hosanna au plus haut des cieux.

(Voir p. 244 pour la version latine.)

(1) **En semaine :**

• Toi qui es vraiment saint, toi qui es la source de toute sainteté, Seigneur, nous te prions : •••

Prière eucharistique nº 2

(2) **Le dimanche :**
• Toi qui es vraiment saint, toi qui es la source de toute sainteté, Dieu notre Père, nous voici rassemblés devant toi, et, dans la communion de toute l'Église, nous célébrons le jour où le Christ est ressuscité d'entre les morts. Par lui que tu as élevé à ta droite, nous te prions : •••

(3) **Pour l'Immaculée Conception :**
• Toi qui es vraiment saint, toi qui es la source de toute sainteté, Dieu notre Père, nous voici rassemblés devant toi et, dans la communion de toute l'Église, nous célébrons le jour où la Vierge Marie a été conçue sans la faute originelle, puisque tu l'avais choisie pour être la Mère du Sauveur. Par lui, qui a enlevé le péché du monde, nous te prions : •••

(4) **De la Nativité au 1er janvier :**
• Toi qui es vraiment saint, toi qui es la source de toute sainteté, Dieu notre Père, nous voici rassemblés devant toi, et, dans la communion de toute l'Église, nous célébrons (la nuit très sainte) le jour très saint où Marie, dans la gloire de sa virginité, enfanta le Sauveur du monde. Par lui, notre Rédempteur et notre Seigneur, nous te prions : •••

••• Sanctifie ces offrandes en répandant sur elles ton Esprit ; qu'elles deviennent pour nous le corps et ✠ le sang de Jésus, le Christ, notre Seigneur.

Au moment d'être livré et d'entrer librement dans sa passion, il prit le pain, il rendit grâce, il le rompit et le donna à ses disciples, en disant :
« **Prenez, et mangez-en tous** : ceci est mon corps livré pour vous. »
De même, après le repas, il prit la coupe ; de nouveau il rendit grâce, et

la donna à ses disciples, en disant :
« Prenez, et buvez-en tous, car ceci est la coupe de mon sang, le sang de l'Alliance nouvelle et éternelle, qui sera versé pour vous et pour la multitude en rémission des péchés. Vous ferez cela en mémoire de moi. »

(1) Il est grand, le mystère de la foi :
— Nous annonçons ta mort, Seigneur Jésus, nous proclamons ta résurrection, nous attendons ta venue dans la gloire.

(2) Acclamons le mystère de la foi :
— Quand nous mangeons ce pain et buvons à cette coupe, nous annonçons ta mort, Seigneur ressuscité, et nous attendons que tu viennes.

(3) Qu'il soit loué, le mystère de la foi :
— Sauveur du monde, sauve-nous !
Par ta croix et ta résurrection, tu nous as libérés.
ou : Proclamons le mystère de la foi :
— Gloire à toi qui étais mort, gloire à toi qui es vivant, notre Sauveur et notre Dieu : viens, Seigneur Jésus !
(Voir p. 247 pour la version latine.)

En faisant ainsi mémoire de la mort et de la résurrection de ton Fils, nous t'offrons, Seigneur, le pain de la vie et la coupe du salut, et nous te rendons grâce, car tu nous as estimés dignes de nous tenir devant toi pour te servir. Humblement, nous te demandons qu'en ayant part au corps et au sang du Christ, nous soyons rassemblés par l'Esprit Saint en un seul corps.

Souviens-toi, Seigneur, de ton Église répandue à travers le monde : fais-la grandir dans ta charité en union avec notre pape N., notre évêque N., et tous les évêques, les prêtres et les diacres.

Souviens-toi aussi de nos frères et sœurs qui se sont endormis dans l'espérance de la résurrection, et souviens-toi, dans ta miséricorde, de tous les défunts : accueille-les dans la lumière de ton visage.

Sur nous tous enfin, nous implorons ta bonté : permets qu'avec la Vierge Marie, la bienheureuse Mère de Dieu, avec saint Joseph, son époux, les Apôtres et tous les saints qui ont fait ta joie au long des âges, nous ayons part à la vie éternelle et que nous chantions ta louange et ta gloire, par ton Fils Jésus, le Christ.

Par lui, avec lui et en lui, à toi, Dieu le Père tout-puissant, dans l'unité du Saint-Esprit, tout honneur et toute gloire, pour les siècles des siècles.

— ***Amen.***

Vient ensuite le rite de la communion, p. 260.

Prière eucharistique nº 3

(Préfaces : p. 241)

Tu es vraiment saint, Dieu de l'univers, et il est juste que toute la création proclame ta louange, car c'est toi qui donnes la vie, c'est toi qui sanctifies toutes choses, par ton Fils, Jésus Christ, notre Seigneur, avec la puissance de l'Esprit Saint ; et tu ne cesses de rassembler ton peuple, afin que, du levant au couchant du soleil, une offrande pure soit présentée à ton nom.

(1) **En semaine :**

• C'est pourquoi nous te supplions, Seigneur, de consacrer toi-même les offrandes que nous apportons : •••

(2) **Le dimanche :**

• C'est pourquoi nous voici rassemblés devant toi, Dieu notre Père, et, dans la communion de toute l'Église, nous célébrons le jour où le Christ est ressuscité d'entre les morts. Par lui, que tu as élevé à ta droite, nous te supplions de consacrer toi-même les offrandes que nous apportons : •••

(3) **Pour l'Immaculée Conception :**
• C'est pourquoi nous voici rassemblés devant toi, Dieu notre Père, et, dans la communion de toute l'Église, nous célébrons le jour où la Vierge Marie a été conçue sans la faute originelle, puisque tu l'avais choisie pour être la Mère du Sauveur. Par lui, qui a enlevé le péché du monde, nous te supplions de consacrer toi-même les offrandes que nous apportons : •••

(4) **De la Nativité au 1er janvier :**
• C'est pourquoi nous voici rassemblés devant toi, Dieu notre Père, et, dans la communion de toute l'Église, nous célébrons (la nuit très sainte) le jour très saint où Marie, dans la gloire de sa virginité, enfanta le Sauveur du monde. Par lui, notre Rédempteur et notre Seigneur, nous te supplions de consacrer toi-même les offrandes que nous apportons : •••

••• Sanctifie-les par ton Esprit pour qu'elles deviennent le corps ✝ et le sang de ton Fils, Jésus Christ, notre Seigneur, qui nous a dit de célébrer ce mystère.

La nuit même où il fut livré, il prit le pain, en te rendant grâce il dit la bénédiction, il rompit le pain, et le donna à ses disciples, en disant :
« **Prenez, et mangez-en tous** : ceci est mon corps livré pour vous. »
De même, après le repas, il prit la coupe ; en te rendant grâce il dit la bénédiction, et donna la coupe à ses disciples, en disant :
« **Prenez, et buvez-en tous**, car ceci est la coupe de mon sang, le sang de l'Alliance nouvelle et éternelle, qui sera versé pour vous et pour la

multitude en rémission des péchés. Vous ferez cela en mémoire de moi. »

(1) Il est grand, le mystère de la foi :
— Nous annonçons ta mort, Seigneur Jésus, nous proclamons ta résurrection, nous attendons ta venue dans la gloire.

(2) Acclamons le mystère de la foi :
— Quand nous mangeons ce pain et buvons à cette coupe, nous annonçons ta mort, Seigneur ressuscité, et nous attendons que tu viennes.

(3) Qu'il soit loué, le mystère de la foi :
— Sauveur du monde, sauve-nous ! Par ta croix et ta résurrection, tu nous as libérés.

ou :

Proclamons le mystère de la foi :
— Gloire à toi qui étais mort, gloire à toi qui es vivant, notre Sauveur et notre Dieu : viens, Seigneur Jésus !

(Voir p. 247 pour la version latine.)

En faisant ainsi mémoire de ton Fils, de sa passion qui nous sauve, de sa glorieuse résurrection et de son ascension dans le ciel, alors que nous attendons son dernier avènement, nous t'offrons, Seigneur, en action de grâce, ce sacrifice vivant et saint. Regarde, nous t'en prions, l'oblation de ton Église, et daigne y reconnaître ton Fils qui, selon ta volonté, s'est offert en sacrifice pour nous réconcilier avec toi. Quand nous serons nourris de son corps et de son sang, et remplis de l'Esprit Saint, accorde-nous d'être un seul corps et un seul esprit dans le Christ.

Que l'Esprit Saint fasse de nous une éternelle offrande à ta gloire, pour que nous obtenions un jour l'héritage promis, avec tes élus : en premier lieu la bienheureuse Vierge Marie, Mère de Dieu, avec saint Joseph, son époux, les bienheureux Apôtres, les glorieux martyrs, (saint N.) et tous les saints, qui ne cessent d'intercéder auprès de toi et nous assurent de ton secours.

Et maintenant nous te supplions, Seigneur : par le sacrifice qui nous réconcilie avec toi, étends au monde entier le salut et la paix. Affermis ton Église, en pèlerinage sur la terre, dans la foi et la charité, en union avec ton serviteur notre pape N., et notre évêque N., l'ensemble des évêques, les prêtres, les diacres, et tout le peuple que tu as racheté. Écoute, en ta bonté, les prières de ta famille, que tu as voulu rassembler devant toi. Dans ta miséricorde, ramène à toi, Père très aimant, tous tes enfants dispersés.

Pour nos frères et sœurs défunts, et pour tous ceux qui ont quitté ce monde et trouvent grâce devant toi, nous te prions : en ta bienveillance, accueille-les dans ton Royaume, où nous espérons être comblés de ta gloire, tous ensemble et pour l'éternité, par le Christ, notre Seigneur, par qui tu donnes au monde toute grâce et tout bien.

Par lui, avec lui et en lui, à toi, Dieu le Père tout-puissant, dans l'unité du Saint-Esprit, tout honneur et toute gloire, pour les siècles des siècles.

— *Amen.*

Vient ensuite le rite de la communion, *p. 260.*

Prière eucharistique nº 4

Vraiment, il est bon de te rendre grâce, il est juste et bon de te glorifier, Père très saint, car tu es le seul Dieu, le Dieu vivant et vrai : toi qui es avant tous les siècles, tu demeures éternellement, lumière au-delà de toute lumière. Toi, le Dieu de bonté, la source de la vie, tu as fait le monde pour que toute créature soit comblée de tes bénédictions, et que beaucoup se réjouissent de l'éclat de ta lumière. Ainsi, la foule innombrable des anges qui te servent jour et nuit se tiennent devant toi, et, contemplant la splendeur de ta face, n'interrompent jamais leur louange. Unis à leur hymne d'allégresse, avec la création tout entière qui t'acclame par nos voix, Dieu, nous te chantons (louons) :

Saint ! Saint ! Saint,
le Seigneur,
Dieu de l'univers !
Le ciel et la terre
sont remplis de ta gloire.
Hosanna au plus haut des cieux.
Béni soit celui qui vient
au nom du Seigneur.
Hosanna au plus haut des cieux.

(Voir p. 244 pour la version latine.)

Père très saint, nous proclamons que tu es grand et que tu as fait toutes choses avec sagesse et par amour : tu as créé l'homme à ton image et tu lui as confié l'univers, afin qu'en te servant, toi seul, son Créateur, il règne sur la création. Comme il avait perdu ton amitié par sa désobéissance, tu ne l'as pas abandonné au pouvoir de la mort. Dans ta miséricorde, tu es venu en aide à tous les hommes pour qu'ils te cherchent et puissent te trouver. Tu as multiplié les alliances avec eux, et tu les as formés, par les prophètes, dans l'espérance du salut. Tu as tellement aimé le monde, Père très saint, que tu nous as envoyé ton Fils unique, lorsque les temps furent accomplis, pour qu'il soit notre Sauveur. Dieu fait homme, conçu de l'Esprit Saint, né de la Vierge Marie, il a vécu notre condition humaine en toute chose, excepté le péché, annonçant aux pauvres la bonne nouvelle du salut ; aux captifs, la délivrance ; aux affligés, la joie. Pour accomplir le dessein de ton amour, il s'est livré lui-même à la mort, et, par sa résurrection, il a détruit la mort et renouvelé la vie. Afin que désormais notre vie ne soit plus à nous-mêmes, mais à lui qui est mort et ressuscité pour nous, il a envoyé d'auprès de toi, Père, comme premier don fait aux croyants, l'Esprit Saint qui continue son œuvre dans le monde et achève toute sanctification.

Que ce même Esprit Saint, nous t'en prions, Seigneur, sanctifie ces offrandes : qu'elles deviennent ainsi le corps ✢ et le sang de notre Seigneur Jésus, le Christ, dans la célébration de ce grand mystère, que lui-même nous a laissé en signe de l'Alliance éternelle.

Quand l'heure fut venue où tu allais le glorifier, Père très saint, comme il avait aimé les siens qui étaient dans le monde, il les aima jusqu'au bout : pendant le repas qu'il partageait avec eux, il prit le pain, dit la bénédiction, le rompit et le donna à ses disciples, en disant :
« **Prenez, et mangez-en tous** : ceci est mon corps livré pour vous. »

De même, il prit la coupe remplie de vin, il rendit grâce, et la donna à ses disciples, en disant :
« **Prenez, et buvez-en tous,** car ceci est la coupe de mon sang, le sang de l'Alliance nouvelle et éternelle, qui sera versé pour vous et pour la multitude en rémission des péchés. Vous ferez cela en mémoire de moi. »

Prière eucharistique n° 4

(1) Il est grand, le mystère de la foi :
— Nous annonçons ta mort,
Seigneur Jésus,
nous proclamons ta résurrection,
nous attendons ta venue dans la gloire.

(2) Acclamons le mystère de la foi :
— Quand nous mangeons ce pain
et buvons à cette coupe,
nous annonçons ta mort,
Seigneur ressuscité,
et nous attendons que tu viennes.

(3) Qu'il soit loué, le mystère de la foi :
— Sauveur du monde, sauve-nous !
Par ta croix et ta résurrection,
tu nous as libérés.
ou :
Proclamons le mystère de la foi :
— Gloire à toi qui étais mort,
gloire à toi qui es vivant,
notre Sauveur et notre Dieu :
viens, Seigneur Jésus !
(Voir p. 247 pour la version latine.)

Voilà pourquoi, Seigneur, nous célébrons aujourd'hui le mémorial de notre rédemption : en rappelant la mort du Christ et sa descente au séjour des morts, en proclamant sa résurrection et son ascension à ta droite, en attendant sa venue dans la gloire, nous t'offrons son corps et son sang, le sacrifice qui est digne de toi et qui sauve le monde entier. Regarde, Seigneur, celui qui s'offre dans le sacrifice que toi-même as préparé pour ton Église, et, dans ta bonté, accorde à tous ceux qui vont partager ce pain et boire à cette coupe d'être rassemblés par l'Esprit Saint en un seul corps, pour qu'ils deviennent eux-mêmes dans le Christ une vivante offrande à la louange de ta gloire.

Et maintenant, Seigneur, rappelle-toi tous ceux pour qui nous offrons le sacrifice : en premier lieu, ton serviteur notre pape **N.**, notre évêque **N.**, et l'ensemble des évêques, les prêtres et les diacres, les fidèles qui présentent cette offrande, les membres de notre assemblée, le peuple entier qui t'appartient, et tous ceux qui te cherchent avec droiture.

Souviens-toi aussi de ceux qui sont morts dans la paix du Christ, et de tous les défunts dont toi seul connais la foi.

À nous qui sommes tes enfants, accorde, Père très bon, l'héritage de la vie éternelle auprès de la Vierge Marie, la bienheureuse Mère de Dieu, auprès de saint Joseph, son époux, des Apôtres et de tous les saints, dans ton Royaume. Nous pourrons alors, avec la création tout entière, enfin libérée de la corruption du péché et de la mort, te glorifier par le Christ, notre Seigneur, par qui tu donnes au monde toute grâce et tout bien.

Par lui, avec lui et en lui, à toi, Dieu le Père tout-puissant, dans l'unité du Saint-Esprit, tout honneur et toute gloire, pour les siècles des siècles.
— *Amen.*

Vient ensuite le rite de la communion, p. 260.

RITE DE LA COMMUNION

Notre Père

(1) Comme nous l'avons appris du Sauveur, et selon son commandement, nous osons dire :

(2) Unis dans le même Esprit, nous pouvons dire avec confiance la prière que nous avons reçue du Sauveur :

Notre Père qui es aux cieux, que ton nom soit sanctifié,
que ton règne vienne, que ta volonté soit faite sur la terre comme au ciel.
Donne-nous aujourd'hui notre pain de ce jour. Pardonne-nous nos offenses,
comme nous pardonnons aussi à ceux qui nous ont offensés.
Et ne nous laisse pas entrer en tentation, mais délivre-nous du Mal.

(3) Præceptis salutaribus moniti, et divina institutione formati, audemus dicere : Pater noster, qui es in cælis : sanctificetur nomen tuum; adveniat regnum tuum; fiat voluntas tua, sicut in cælo, et in terra. Panem nostrum cotidianum da nobis hodie; et dimitte nobis debita nostra, sicut et nos dimittimus debitoribus nostris; et ne nos inducas in tentationem; sed libera nos a malo.

Délivre-nous de tout mal, Seigneur, et donne la paix à notre temps : soutenus par ta miséricorde, nous serons libérés de tout péché, à l'abri de toute épreuve, nous qui attendons que se réalise cette bienheureuse espérance : l'avènement de Jésus Christ, notre Sauveur.

— Car c'est à toi qu'appartiennent le règne,
la puissance et la gloire pour les siècles des siècles !

Échange de la paix

Seigneur Jésus Christ, tu as dit à tes Apôtres : « Je vous laisse la paix, je vous donne ma paix » ; ne regarde pas nos péchés mais la foi de ton Église ; pour que ta volonté s'accomplisse, donne-lui toujours cette paix, et conduis-la vers l'unité parfaite, toi qui vis et règnes pour les siècles des siècles. ***– Amen.***
Que la paix du Seigneur soit toujours avec vous. ***– Et avec votre esprit.***
Dans la charité du Christ, donnez-vous la paix.

Fraction du pain

Que le corps et le sang de notre Seigneur Jésus Christ,
réunis dans cette coupe, nourrissent en nous la vie éternelle.

Agneau de Dieu

Agneau de Dieu, qui enlèves les péchés du monde, prends pitié de nous. *(bis)*
Agneau de Dieu, qui enlèves les péchés du monde, donne-nous la paix.

Agnus Dei, qui tollis peccata mundi, miserere nobis. (bis)
Agnus Dei, qui tollis peccata mundi, dona nobis pacem.

Communion

(1) *Seigneur Jésus Christ, Fils du Dieu vivant, selon la volonté du Père et avec la puissance du Saint-Esprit, tu as donné, par ta mort, la vie au monde ; que ton corps et ton sang très saints me délivrent de mes péchés et de tout mal ; fais que je demeure fidèle à tes commandements et que jamais je ne sois séparé de toi.*

(2) Seigneur Jésus Christ, que cette communion à ton corps et à ton sang n'entraîne pour moi ni jugement ni condamnation ; mais que, par ta bonté, elle soutienne mon esprit et mon corps et me donne la guérison.

Voici l'Agneau de Dieu, voici celui qui enlève les péchés du monde.
Heureux les invités au repas des noces de l'Agneau !
— Seigneur, je ne suis pas digne de te recevoir;
mais dis seulement une parole, et je serai guéri.

Chant de communion ou antienne de la communion.

Prière après la communion voir à la date du jour.

RITE DE CONCLUSION

Le Seigneur soit avec vous.
— Et avec votre esprit.
Que Dieu tout-puissant vous bénisse, le Père, et le Fils, ✠ et le Saint-Esprit.
— Amen.

Puis le diacre, ou le prêtre lui-même, les mains jointes, tourné vers l'assemblée, dit :
(1) Allez, dans la paix du Christ.
(2) Allez porter l'Évangile du Seigneur.
(3) Allez en paix, glorifiez le Seigneur par votre vie.
(4) Allez en paix.
— Nous rendons grâce à Dieu.

Chants pour la célébration

Les chants en rouge sont consultables à la page indiquée. **Les chants en noir** sont référencés avec leur cote SECLI.

	Ouverture	Renvoi	Communion / Action de grâce	Renvoi
1er déc.	Aube nouvelle Préparons le chemin du Seigneur	p. 264 E63-42	Approchons-nous de la table Le monde ancien s'en est allé	p. 272 X894
8 déc.	Préparez, à travers le désert Debout, resplendis	E74-18 p. 264	Voici le pain que donne Dieu Vienne la rosée	D50-07-2 p. 271
15 déc.	Peuples, criez de joie Venez Divin Messie	p. 270 E9	Cieux, répandez votre justice Ô ma joie et mon espérance	E554 p. 272
22 déc.	Criez, criez de joie ! Peuples qui marchez	p. 265 E127	Nourris du même pain Toi qui ravis le cœur de Dieu	D81 p. 271
24 déc.	Il est né le Divin Enfant Joyeux Noël à tous les enfants…	F160 p. 266	Douce nuit Vienne la paix	p. 270 M150-1
25 déc.	Peuple fidèle Les anges dans nos campagnes	p. 268 F9	Notre Dieu s'est fait homme Terre de Noël	p. 273 FD36-01
29 déc.	Aujourd'hui s'est levée la lumière À pleine voix, chantons pour Dieu	FX515 p. 269	En marchant vers toi, Seigneur Verbum caro factum est	D380 F64-88

Suggestions pour décembre 2024 proposées par Thibault Van Den Driessche, avec ChantonsenÉglise

Aube nouvelle *(Ouverture)*

E130 ; T. : M. Scouarnec ; M. : J. Akepsimas ; Studio SM.

① **Aube nouvelle dans notre nuit : pour sauver son peuple, Dieu va venir.**
Joie pour les pauvres, fête aujourd'hui !
Il faut préparer la route au Seigneur. *(bis)*

② **Bonne nouvelle, cris et chansons : pour sauver son peuple, Dieu va venir.**
Voix qui s'élève dans nos déserts.
Il faut préparer la route au Seigneur. *(bis)*

③ **Terre nouvelle, monde nouveau : pour sauver son peuple, Dieu va venir.**
Paix sur la terre, ciel parmi nous.
Il faut préparer la route au Seigneur. *(bis)*

Debout, resplendis *(Ouverture)*

KX230 ; T. et M. : Communauté de l'Emmanuel (J.-M. Morin) ; L'Emmanuel.

① **Debout resplendis, car voici ta lumière, et sur toi la gloire du Seigneur.** *(bis)*
Lève les yeux et regarde au loin, que ton cœur tressaille d'allégresse.
Voici tes fils qui reviennent vers toi, et tes filles portées sur la hanche.

Refrain : **Jérusalem, Jérusalem, quitte ta robe de tristesse !**
Jérusalem, Jérusalem, chante et danse pour ton Dieu !

② **Toutes les nations marcheront vers ta lumière, et les rois à ta clarté naissante.** *(bis)*
De nombreux troupeaux de chameaux te couvriront, les trésors des mers afflueront vers toi.
Ils viendront d'Epha, de Saba, de Qédar, faisant monter vers Dieu la louange.

Criez, criez de joie ! (Ouverture)

EDIT15-41 ; T. et M. Communauté de l'Emmanuel (G. Creaton) ; L'Emmanuel.

REFRAIN ♩ = 78

Cri - ez,_ cri-ez de joie,_ le Sei-gneur est pro-che !_

Cri - ez,_ cri-ez de joie,_ voi-ci vo-tre Sau-veur !_

COUPLETS

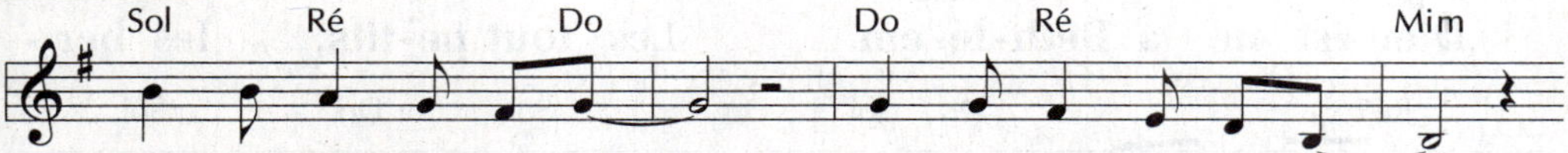

1. En tout temps en tout lieu,_ de - meu - rez dans la joie !_
2. Re - met - tez vos sou - cis_ dans les mains du Sei-gneur,_
3. Dieu qui don - ne la paix,_ Dieu, sour - ce de la vie,_

1. Car le Sei-gneur_ est no - tre Dieu,_ e - xul - tez, il est Roi !_
2. et dans la foi,_ pré-sen-tez - lui_ vos pri-ères et vos cœurs !_
3. pren-dra vos cœurs_ et vos pen-sées_ en son Fils Jé-sus Christ !_

Joyeux Noël à tous les enfants de la Terre (Ouverture)

F55-59; T. et M. : P. Richard; ADF-Musique.

Fa Do Do7 Fa Mi
ël à tous les peu-ples du mon-de. Qu'en cet-te nuit vien-ne la paix, la
Lam Sol Fa Ré7 Sol Fa Sol7 Do
1. 2.
paix de la co-lom-be, la paix de No - ël ! paix de No - ël !
COUPLET 2
La7 Mi7
En cet - te nuit, un grain de blé dans nos mains.
Fa Sol Do Do7
Chan-tons l'En-fant qui se donne à la mai-son du pain.
Fa Ré7 Mi7
En cet - te nuit les té - nè - bres sont vain - cues,
Fa Sol Fa ℟
en cet - te nuit une é - toile est ap - pa - rue.

Peuple fidèle (Noël)

T. : C. Rozier ; M. : J.-F. Wade ; Musique et Liturgie (vers 1740).

① Peuple fidèle,
le Seigneur t'appelle :
c'est fête sur terre,
le Christ est né.
Viens à la crèche
voir le Roi du monde.

Refrain : **En lui viens reconnaître,**
en lui viens reconnaître,
en lui viens reconnaître,
ton Dieu, ton Sauveur.

② Verbe, Lumière,
et splendeur du Père,
il naît d'une mère,
petit enfant,
Dieu véritable,
le Seigneur fait homme.

③ Peuple, acclame,
avec tous les anges,
le Maître des hommes
qui vient chez toi,
Dieu qui se donne
à tous ceux qu'il aime !

④ Peuple fidèle,
en ce jour de fête,
proclame la gloire
de ton Seigneur.
Dieu se fait homme
pour montrer qu'il t'aime.

À pleine voix, chantons pour Dieu (Ouverture)

FP180-2; Studio SM; T.: D. Rimaud; M.: Anonyme; SM.

① À pleine voix, chantons pour Dieu, nos chants de joie, nos chants de fête !
À pleine voix, chantons pour Dieu, nos chants de joie, nos chants de fête !
Dieu est présent dans un enfant : sa gloire habite notre terre !
À pleine voix chantons pour Dieu, nos chants de joie, nos chants de fête !

② Ne pensons pas que Dieu se tait, quand il se dit par sa naissance !
Ne pensons pas que Dieu se tait, quand il se dit par sa naissance !
Dieu est ici et tout est dit : cherchons où lève sa semence !
Ne pensons pas que Dieu se tait, quand il se dit par sa naissance !

③ Ne marchons plus à perdre cœur, par des chemins sans espérance !
Ne marchons plus à perdre cœur, par des chemins sans espérance !
Dieu va sauver le monde entier, en se chargeant de nos souffrances.
Ne marchons plus à perdre cœur, par des chemins sans espérance !

④ Rien ne pourra nous séparer de l'amitié que Dieu nous porte !
Rien ne pourra nous séparer de l'amitié que Dieu nous porte !
Par Jésus Christ, et dans l'Esprit, cette assurance est la plus forte.
Rien ne pourra nous séparer de l'amitié que Dieu nous porte !

⑤ Pour annoncer les temps nouveaux, prenons le pain de sa tendresse !
Pour annoncer les temps nouveaux, prenons le pain de sa tendresse !
Vienne le jour de son retour : que tous les hommes le connaissent !
Pour annoncer les temps nouveau, prenons le pain de sa tendresse !

Peuples, criez de joie *(Ouverture)*

MY27-3 ; T. : CNPL/D. Rimaud ; M. : Stralsund Gesangbuch ; Studio SM.

**① Peuples, criez de joie et bondissez d'allégresse :
le Père envoie son Fils manifester sa tendresse ;
ouvrons les yeux : il est l'image de Dieu
pour que chacun le connaisse.**

**② Loué soit notre Dieu, source et Parole fécondes :
ses mains ont tout créé pour que nos cœurs lui répondent ;
par Jésus Christ, il donne l'être et la vie :
en nous sa vie surabonde.**

Douce nuit *(Nuit de Noël)*

F13 ; T. : R. P. Barjon, J. Mohr ; M. : F.- X. Gruber ; Musique et Liturgie.

**① Douce nuit, sainte nuit !
Dans les cieux l'astre luit.
Le mystère annoncé s'accomplit.
Cet enfant, sur la paille endormi,
c'est l'amour infini !
C'est l'amour infini !**

**② C'est vers nous, qu'il accourt
en un don sans retour !
De ce monde ignorant de l'amour
où commence aujourd'hui son séjour,
qu'il soit Roi pour toujours !
Qu'il soit Roi pour toujours !**

**③ Paix à tous ! Gloire au ciel !
Gloire au sein maternel
qui, pour nous en ce jour de Noël,
enfanta le Sauveur éternel
qu'attendait Israël !
Qu'attendait Israël !**

Vienne la rosée *(Action de grâce)*

EP103; T.: O. de la Brosse, O. Périn; M.: Populaire; Sodec.

① **Vienne la rosée sur la terre, naisse l'espérance en nos cœurs ;**
brille dans la nuit la lumière, bientôt va germer le Sauveur.
au désert un cri s'élève : « Préparez les voies du Seigneur. »

② **Berger d'Israël, tends l'oreille, descends vite à notre secours,**
et nos yeux verront tes merveilles, nos voix chanteront ton amour.
Fille de Sion, trésaille, le Seigneur déjà vient vers toi.

③ **Réveille, ô Seigneur, ta vaillance, établis ton règne de paix,**
que les peuples voient ta puissance, acclament ton nom à jamais.
L'univers attend ta gloire, et nous préparons ton retour.

Toi qui ravis le cœur de Dieu *(Action de grâce)*

VP136-2; T.: CFC / CNPL; M.: J. Berthier; Sodec.

① **Toi qui ravis le cœur de Dieu**
et qui l'inclines vers la terre,
Marie, tu fais monter vers lui
ta réponse en offrande.

② **Toi qui reçois l'appel de Dieu**
comme une terre la semence,
tu laisses prendre corps en toi
l'espérance nouvelle.

③ **L'homme a perdu la joie de Dieu**
en refusant la ressemblance ;
par toi le Fils nous est donné,
qui nous rend à son Père.

④ **Vierge bénie qui portes Dieu,**
promesse et gage de l'Alliance,
l'amour en toi rejoint nos vies
et les prend dans la sienne.

Ô ma joie et mon espérance *(Action de grâce)*

T. : Taizé ; M. : J. Berthier ; Les Presses de Taizé.

Approchons-nous de la table *(Communion)*

D19-30; T. et M. : M. Dannaud; Éd. de l'Emmanuel.

① **Approchons-nous de la table où le Christ va s'offrir parmi nous.**
Offrons-lui ce que nous sommes, car le Christ va nous transformer en lui.

② **Voici l'admirable échange où le Christ prend sur lui nos péchés.**
Mettons-nous en sa présence, il nous revêt de sa divinité.

③ **Père, nous te rendons grâce pour ton Fils Jésus Christ le Seigneur.**
Par ton Esprit de puissance, rends-nous dignes de vivre de tes dons.

Notre Dieu s'est fait homme *(Communion)*

EDIT15-56; T. et M. : M. Dannaud; Éd. de l'Emmanuel.

① Notre Dieu s'est fait homme pour que l'homme soit Dieu,
mystère inépuisable, fontaine du salut.
Quand Dieu dresse la table, il convie ses amis
pour que sa vie divine soit aussi notre vie !

② Le Seigneur nous convoque par le feu de l'Esprit
au banquet de ses noces célébrées dans la joie.
Nous sommes son Église, l'épouse qu'il choisit
pour vivre son alliance et partager sa vie.

③ Merveille des merveilles, miracle de ce jour !
Pour nous Dieu s'abandonne en cette eucharistie.
Chassons toute indolence, le Christ est parmi nous,
accueillons sa présence et offrons-nous à lui.

④ Dieu se fait nourriture pour demeurer en nous,
il se fait vulnérable et nous attire à lui.
Mystère d'indigence, d'un Dieu qui s'humilie
pour que sa créature soit transformée en lui.

⑤ Il frappe à notre porte le Seigneur tout-puissant,
il attend humble et pauvre, mendiant de notre amour.
Dénué d'arrogance, sous l'aspect de ce pain,
il se donne en offrande pour demeurer en nous.

LES RENDEZ-VOUS DE DÉCEMBRE 2024

SOMMAIRE

Embellir la prière

Mais, au fait, connaissez-vous « Prions » ? La playlist de la semaine ? Les e-conférences ? *La Bible à l'oreille* ? *Prions en Église* est une vaste proposition éditoriale, papier et numérique, portée par nos équipes de journalistes et de spécialistes. Ensemble, nous travaillons chaque jour pour embellir la prière de nos lecteurs. Très complémentaires de la revue, le site et l'application sont davantage en résonance avec l'actualité, explorent d'autres formes que la seule prière dominicale, donnent la parole à des nombreux témoins de la vie spirituelle… Sur le site et l'application, suivez ce mois-ci un parcours de l'Avent spécial Notre-Dame de Paris, faisant appel au patrimoine culturel et spirituel de la cathédrale restaurée. Ceux qui préparent les célébrations de Noël y trouveront aussi de nombreuses ressources. De plus, nous vous donnons rendez-vous le 16 décembre pour écouter le 100e épisode de *Prie-Dieu*, notre podcast hebdomadaire de témoignage sur la prière. Faites-nous confiance, venez voir ce que nous vous réservons en exclusivité. Alors, si vous ne l'avez pas déjà fait, créez votre compte sur le site et dans l'application et donnez des ailes à votre revue ! ■

Karem Bustica
Rédactrice en chef de Prions en Église

« "Prions en Église" est une vaste proposition éditoriale, papier et numérique, portée par nos équipes de journalistes et de spécialistes. »

CHEMIN D'ÉTOILES

Jacques Nieuviarts, prêtre assomptionniste

Ils voyaient l'infiniment petit !

Les prophètes, comme les mages venus d'Orient, ont su voir dans l'étoile au loin l'imperceptible venue de Dieu.

Balaam, le prophète païen, avait le regard pénétrant. Il « voyait les dieux », dit l'antique inscription retrouvée en Jordanie près du Yabboq ! Le récit biblique quant à lui, dit qu'il vit, de très loin, « l'étoile » issue de Jacob, annonciatrice du Messie (Nb 24, 17). En Israël, de nombreux prophètes virent comme lui l'infiniment petit ! C'est le cas de Samuel, lorsque le Seigneur l'envoya choisir l'un des fils de Jessé de Bethléem pour lui donner l'onction. Le Seigneur l'inspirait. Il refusa tous les fils que Jessé lui présentait, jusqu'au petit dernier, qu'on alla chercher dans les champs, car il gardait les troupeaux. Samuel lui donna l'onction pour qu'il devienne pasteur du peuple de Dieu, car « Dieu ne regarde pas comme les hommes : les hommes regardent l'apparence, mais le Seigneur regarde le cœur » (1 S 16, 7). Trois siècles plus tard, Amos, bouvier à Teqoa près de

Bethléem, quitte sa région pour aller dans le royaume du Nord, porteur d'une parole de feu face à l'injustice accablante de Samarie et son culte rendu vain. Il a pourtant des visions d'une simplicité extrême : des sauterelles au temps du regain, un fil à plomb, une corbeille de fruits trop mûrs… (cf. Am 7 ; 8). Il comprend à travers elles l'imminence du châtiment de Dieu sur Israël. À la même période, le prophète Michée a la même verdeur pour dénoncer l'injustice. Mais il a aussi des visions d'avenir étonnantes. Il n'entrevoit pas d'étoile à la manière de Balaam, mais parle comme lui : « Toi, Bethléem Éphrata, le plus petit des clans de Juda, c'est de toi que sortira pour moi celui qui doit gouverner Israël. Ses origines remontent aux temps anciens, aux jours d'autrefois » (Mi 5, 1). L'évangéliste Matthieu inversera la perspective dans sa lecture de ce verset. Lors de la visite des mages chez Hérode, à Jérusalem, celui-ci appelle les grands prêtres et les scribes pour leur demander où doit naître le Christ : « À Bethléem en Judée, lui répondent-ils, car voici ce qui est écrit par le prophète : *Et toi, Bethléem,* terre de Juda, *tu n'es certes pas le dernier parmi les chefs-lieux de Juda, car de toi sortira un chef, qui sera le berger de mon peuple Israël* » (Mt 2, 5-6). Avec ou sans étoile, il faut ainsi apprendre à reconnaître, dans l'imperceptible et l'infiniment petit, les signes du Dieu qui vient. ■

« Toi, Bethléem Éphrata, le plus petit des clans de Juda, c'est de toi que sortira pour moi celui qui doit gouverner Israël. » (Mi 5, 1)

LES SECONDS RÔLES DANS LA BIBLE

Anne Lécu, dominicaine

Quatre hommes forts

Le culot des quatre hommes de Capharnaüm qui ouvrent le toit de la maison où se trouve Jésus pour lui amener leur compagnon paralysé entraîne le miracle.

Un des tout premiers miracles de Jésus relaté par Marc est la guérison d'un homme paralysé. Matthieu, qui rapporte la même scène, est peu précis : « Et voici qu'on lui présenta un paralysé, couché sur une civière » (Mt 9, 2). Marc au contraire détaille : « Arrivent des gens qui lui amènent un paralysé, porté par quatre hommes » (Mc 2, 3). Nul ne sait qui sont ces quatre hommes. Nous n'avons ni leur nom ni leur histoire. Ils sont quatre car le brancard est sans doute lourd, il faut un homme à chaque coin. Et le miracle qui restaure l'intégrité de cet homme qui ne pouvait plus marcher n'aurait pas eu lieu sans la présence de ces compagnons qui le portent jusqu'à Jésus. D'autant qu'ils y mettent du leur et ne font pas qu'amener à Jésus leur ami : « Comme ils ne peuvent l'approcher à cause de la foule, ils découvrent le toit au-dessus de lui, ils font une ouverture, et descendent le brancard sur lequel était couché le paralysé » (Mc 2, 4). Il faut oser défaire le toit, fût-il en chaume, pour que Jésus puisse voir l'homme. Est-ce le malade qui a encouragé ses compagnons ? Sont-ce au contraire eux qui ont insisté ? Et qui sont ceux qui font obstacle ? Sont-ils là par fascination pour les miracles, par désir de piéger Jésus ? La situation est tendue. Certains murmurent que Jésus blasphème. Pourquoi d'ailleurs Jésus commence-t-il par pardonner les péchés de cet homme, qui n'a rien demandé ? Qui est-il, cet homme alité ? Et ses amis ? Peut-être sont-ce les gros bras du village, qui ne **...**

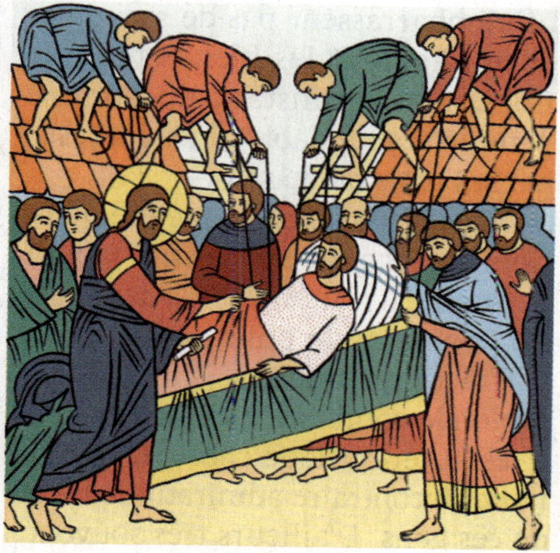

Première Alliance

« Mieux vaut être deux qu'un seul : le salaire de leur peine sera meilleur. S'ils tombent, l'un relève l'autre. Malheur à l'homme seul : s'il tombe, personne ne le relève. »

Qohèleth 4, 9-10

… s'embarrassent pas de scrupules et qui agacent les bien-pensants ? Imaginons un instant un homme peu recommandable amené à Jésus par ses amis mafieux.

Mais Jésus ne pose aucune question. Il n'accuse et n'accule jamais personne. Il n'attend pas la demande de l'homme : le culot de ses amis suffit à dire quelque chose d'une profonde confiance dans sa capacité à restaurer quelque chose de perdu. Il est au contraire admiratif de la foi de ces gens. D'ailleurs très souvent, Jésus admire la foi des hommes et des femmes qu'il rencontre. « Voyant leur foi, Jésus dit au paralysé : “Mon enfant, tes péchés sont pardonnés.” » (Mc 2, 5). Jésus voit la foi de ceux qu'il côtoie. Il voit la nôtre. La foi des uns porte la foi des autres, c'est une force de vie qui aboutit au relèvement de celui qui était alité. Aux heures vacillantes, osons demander l'aide de ceux qui tiennent bon. Quand il s'agit de foi, ce ne sont pas toujours les gros bras les plus forts. Qui sait, la prière qui monte de certaines prisons ou de certains Ehpad, porte peut-être la foi de l'Église ? ■

Nouvelle Alliance

« Arrivent des gens qui lui amènent un paralysé, porté par quatre hommes. »

Marc 2, 3

TRÉSORS DE LA LITURGIE

Emmanuelle Billoteau, ermite

Chanter l'Avent

La liturgie nous offre une grande variété d'hymnes pour le temps de l'Avent, qui ouvre l'année liturgique. Celles-ci sont enracinées dans l'Écriture et nous invitent à contempler le mystère du Christ en sa totalité : incarnation, mort et résurrection, retour en gloire.

La première hymne retenue s'intitule *Secret d'amour longtemps caché* (EP158-1). Elle invite à méditer sur le don que Dieu nous a fait en son Fils unique, « envoyé rejoindre l'homme dans la nuit ». Un don qui vient au terme d'une longue attente ponctuée de promesses : « Agneau que Dieu nous promettait, réponse au cri de nos détresses. » En envisageant la venue de Jésus en notre chair comme un « mystère d'amour longtemps caché », l'hymne suggère que Dieu a préparé cet événement avec amour, attendant que l'humanité soit à même de le recevoir. Ce qui nous invite à relire l'histoire du salut en ses différentes étapes, comme, entre autres, dans la lettre aux Colossiens (1, 26-27). L'incarnation est envisagée sous l'angle de l'abaissement (cf. Ph 2, 6-11), de l'enfouissement dans notre chair et dans notre nuit, ...

... car telle est la condition de notre salut : « Il prend sur lui notre péché, il nous relève par la croix. » L'hymne nous amène également à contempler le Christ comme le « miroir du Père encore voilé », le « visage obscur du Dieu de gloire ». Ainsi nous révèle-t-il Dieu sous une modalité que nous avons du mal à envisager spontanément, aux antipodes d'un Dieu à la puissance fulgurante qui résoudrait tous les problèmes d'un coup de baguette magique. « Vivante joie d'éternité, clarté d'aurore au soir du monde » : la joie du salut, don de l'Esprit, et l'aurore d'un monde nouveau sont présentes dès maintenant, mais le salut est encore en attente de son plein accomplissement : « Jésus viendra pour rassembler les fils de Dieu dans son royaume. » Cette hymne nous incite à l'intériorité et à porter attention aux lentes maturations de l'histoire du salut et de nos histoires personnelles avec une note contemplative très marquée.

Une deuxième hymne, *Vienne la rosée sur la terre (voir p. 271)*, nous introduit dans une ambiance différente, très proche des psaumes de supplication : « Berger d'Israël, tends l'oreille, descends vite à notre secours [...]. Réveille, ô Seigneur, ta vaillance, établis ton règne de paix » (cf. Ps 79). Par ses thématiques, il évoque le livre d'Isaïe et plus particulièrement le deuxième (Is 40 – 55), qui annonce la consolation à la « fille de Sion » : venue de Dieu qui apportera la délivrance au peuple meurtri par l'exil (Is 40, 10) ; voix qui crie dans le désert (Is 40, 3) ; image du berger qui « rassemble les agneaux et les porte sur son cœur » (Is 40, 11) ; rosée fécondante (Is 45, 8). Nous reconnaissons aussi la symbolique du germe pour parler du descendant de David, le Messie d'Israël (Is 4, 2).

Cet appel lancé vers Dieu pour que « vienne la rosée sur la terre », pour que « naisse l'espérance en nos cœurs », pour que « brille dans la nuit la lumière » est lié à cette ouverture des yeux et des lèvres qui caractérise l'ère messianique : « Et nos yeux verront tes merveilles, nos voix chanteront ton amour. » L'hymne invite « la fille de Sion » à tressaillir car « déjà le Seigneur vient vers elle » (cf. Is 35, 4). Une expérience qui est vouée à s'élargir au-delà du cercle restreint des croyants : « Que les peuples voient ta puissance, acclamant ton nom à jamais. L'univers attend ta gloire. » Telle est l'allégresse à laquelle nous sommes conviés, nous aussi. Elle ne nous installe pas pour autant dans le déni : la nuit, l'attente d'un salut que nous ne pouvons nous donner à nous-mêmes sont bien là, mais elles s'éclairent à la lumière des promesses et de leur accomplissement.

La nuit, l'attente d'un salut sont bien là, mais elles s'éclairent à la lumière des promesses et de leur accomplissement.

Ces deux hymnes, parmi tant d'autres, nous convient donc à habiter notre désir d'une vie en plénitude, notre aspiration au salut : toutes choses qu'il nous appartient de recevoir et de faire fructifier. Comme la liturgie en son ensemble, ces chants nous enseignent à faire des liens, à mettre les mystères du Christ en perspective et à les laisser transformer nos vies. ■

JUBILÉ DE L'ESPÉRANCE 2025 1/12

Sylvaine Lacout, théologienne,
laïque consacrée de la communauté des Béatitudes

La porte sainte

Sylvaine Lacout, docteur en théologie, est directrice du Centre chrétien d'études juives au Collège des Bernardins. Elle signe ici sa première chronique d'une série qui nous donne le sens du jubilé 2025.

L'année 2025 a été déclarée année jubilaire par le pape François. Le jubilé trouve son origine dans la Bible, il y est défini dans l'Ancien Testament à la fois comme un mémorial de la Création et un mémorial de la délivrance d'Israël. La trompette avec laquelle était annoncée cette année particulière était une corne de bélier appelée en hébreu « *yobel* », dont dérive le mot « jubilé ». Dans le Nouveau Testament, le jubilé prend une dimension eschatologique, Jésus parle d'année de grâce du Seigneur.

Depuis la première reprise de la célébration du jubilé dans l'Église en 1300 par le pape Boniface VIII, le jubilé est devenu une occasion de fortifier la foi des fidèles, de développer les œuvres de solidarité et de communion fraternelle au sein de l'Église, mais aussi dans la société. Le jubilé dure un an et s'accompagne de prières, de démarches particulières dont l'ouverture solennelle par le pape de la porte sainte de la basilique Saint-Pierre de Rome. Cette ouverture de la porte sainte manifeste le désir des croyants de se mettre à la suite du Christ, de marcher dans ses pas, d'avancer avec lui dans la foi, l'espérance et la charité. Le Christ nous dit : « Moi, je suis la porte. Si quelqu'un entre en passant par moi, il sera sauvé » (Jn 10, 9).

Le 24 décembre, le pape ouvre la porte sainte de Saint-Pierre, le 25 décembre, les portes saintes des quatre basiliques majeures de Rome. Chaque archevêque ou évêque à travers le monde ouvre la porte sainte de sa cathédrale le 29 décembre. Ces portes saintes seront refermées le 6 janvier 2026 en la fête de l'Épiphanie, clôture du jubilé.

Franchir une porte, la pousser pour entrer, est souvent intimidant. Qu'y a-t-il derrière cette porte ? Est-ce que quelqu'un se tient derrière et attend ma visite ? Comment va-t-il me recevoir ? N'ayons pas peur de nous approcher de cette porte ; n'ayons pas peur de la franchir, pourvu que ce soit avec un cœur de pauvre, un cœur rempli de confiance en celui qui veut nous rendre à la vie. Mettons-nous en route ensemble, guidés par cette « espérance qui ne déçoit point », « et faisons-en sorte qu'elle devienne contagieuse à travers nous pour ceux qui la désirent » (bulle d'indiction du jubilé 2025, pape François).

Franchir une porte, la pousser pour entrer, est souvent intimidant. Qu'y a-t-il derrière cette porte ?

TÉMOIGNAGE DE LECTEUR

Propos recueillis par **Frédéric Pascal**, journaliste

« Ma prière, c'est de rendre grâce »

Laurence de Gressot habite à Vatan (Indre), dont elle est maire adjointe. Sa vie de prière est faite de méditation, d'action de grâce et d'invocation à l'Esprit Saint.

« Au réveil, je prends mon smartphone pour regarder la météo, parcourir le journal, ouvrir ma messagerie… et méditer l'évangile ! C'est une habitude prise pendant un Carême : chaque matin, lire l'évangile et le commentaire dans l'application *Prions en Église*. J'aime bien l'invitation aussi, c'est du concret ! Je suis accro à mon téléphone, même dans la prière. Sincèrement, je n'ai pas le sentiment que méditer l'évangile irrigue chaque instant de ma journée, même si ça reste un appui. Par exemple, j'essaie de garder une phrase ou un mot et de le répéter. Et, après ce moment, je me sens prête à démarrer.

Je suis plutôt une femme d'action. Ma vie est bien remplie : je suis maire adjointe de mon petit village, j'ai des responsabilités syndicales forestières… Nous avons déménagé dans le Berry pour nous rapprocher de mes frères et de ma maman. Elle

© Sandrine Martin

a 89 ans et, même si elle est autonome, elle nécessite une présence. Au milieu de toutes ces activités, je n'ai ni le temps ni le tempérament d'être dans l'oraison. Je me sens plus proche de Marthe que de Marie !

Alors, dans ma journée, ma prière, c'est de rendre grâce, de louer ponctuellement. Il m'arrive régulièrement d'invoquer l'Esprit Saint quand je rencontre des gens ou quand j'ai des réunions avec des sujets un peu difficiles. Moi qui ai tendance à être impulsive, je me suis déjà surprise à prendre la parole de manière posée. Me vient en mémoire une réunion au cours de laquelle nous devions aborder un point de désaccord. Non seulement invoquer l'Esprit m'a permis de m'exprimer de manière plus apaisée que d'habitude, mais cela m'a mise aussi dans la disposition d'accepter un avis différent. Sur ce point de désaccord, nous avons trouvé un terrain d'entente. » ■

QUESTION DU MOIS

Pourquoi fêter Noël le 25 décembre ?

Les premiers chrétiens célébraient chaque dimanche la résurrection du Seigneur, sans autre particularité. Puis un calendrier annuel s'est progressivement développé, prenant en compte la naissance de Jésus (et l'Épiphanie, mieux connue en Orient). Le 25 décembre correspond à la christianisation d'une fête païenne et revêt une forte signification symbolique.

L'Antiquité fêtait autour de cette date le solstice d'hiver (hémisphère Nord) et, de même, les Romains célébraient les Saturnales. C'est après la conversion de l'empereur Constantin au christianisme que la fête de Noël est fixée au 25 décembre, date mentionnée par saint Hippolyte de Rome au tout début du IIIe siècle mais définitivement entérinée par le concile de Nicée (325). Il s'agit bien de la christianisation des Saturnales honorant le « *Sol invictus* », le « Soleil invaincu » du solstice d'hiver lorsque la durée du jour va commencer à augmenter.

Les chrétiens voient en Jésus le Soleil de justice (cf. Mal 3, 20), la Lumière des nations, venant dissiper les ténèbres du monde (cf. Jn 8, 12) et guider tous les hommes vers le Royaume. Les diverses interprétations des données de temps et de lieux de l'évangile de Luc ont finalement moins de force que notre foi au Christ, Verbe fait chair (Jn 1, 14), Soleil levant qui vient nous visiter (Lc 1, 78-79). ■

Michèle Clavier,
théologienne

Annonce

SUR LES PAS DE SAINT PAUL ET DES HOSPITALIERS

Pèlerinage à Malte

Île sentinelle située entre l'Afrique et l'Europe, Malte, surnommée « la Fière », a résisté à de multiples invasions sans jamais perdre sa foi chrétienne. L'Ordre des Chevaliers de Saint-Jean de Jérusalem, hospitalier et souverain, a établi son quartier général sur l'île en 1523. L'archipel est fortement marqué de cette empreinte qui se révèle à travers nombre de forteresses, des palais somptueux et de superbes églises baroques. Un chapitre mouvementé des Actes des Apôtres (Ac 28) rapporte le séjour de saint Paul sur cette île et invite les chrétiens à faire rayonner la charité et l'hospitalité. Accompagné par le père Michel Derache, assomptionniste, spécialiste de saint Paul et animateur de nombreux pèlerinages.

Vue sur le centre-ville et le port de Valletta, Malte.

© AdobeStock

PRATIQUE **Du 16 au 23 juin 2025.** Une sélection **"Prions en Église"**, organisée par Bipel.
Information et réservation : 01 45 55 47 52 ou courriel : bipel.voyages@bipel.com

Anne-Zoé d'Arras, volontaire avec la DCC* et ergothérapeute à Dschang au Cameroun

Mes guides malvoyants

« Au Centre des jeunes aveugles de Dschang au Cameroun, j'exerce mon métier d'ergothérapeute et j'aide l'équipe éducative dans les activités de soutien scolaire et d'animation sportives et culturelles. Je suis admirative de voir la maturité des enfants, leur hargne pour montrer qu'ils sont comme les autres, et l'entraide qu'il y a entre eux : les malvoyants aident les aveugles et un petit de 9 ans peut guider son "grand frère" de 16 ans sur les chemins avec bienveillance. Les enfants me confient qu'ils demandent souvent à Dieu de leur redonner la vue. Ils se sentent alors accompagnés et se disent que tout est remis auprès de la volonté de Dieu. Cela m'a énormément touchée. Le début de ma mission n'avait vraiment pas été simple. Je ne comprenais pas comment fonctionnait ce pays et ne trouvais pas ma place de femme. Je n'avais aucun soutien. Les conseils de mes proches pouvaient ne pas être adaptés à ma situation et cela me décourageait. Je me suis alors rapprochée de Dieu pour qu'il me donne de la force pour m'adapter à ce nouveau mode de vie. Quand je priais, je me sentais soutenue et entendue, j'étais rassurée. Les enfants malvoyants m'ont montré le chemin. » ■

*La Délégation catholique pour la coopération (DCC) est le service du volontariat de l'Église en France.

DCC / Anne-Zoé d'Arras

En haut : Anne-Zoé dans un moment de récréation avec des enfants du centre des jeunes aveugles à Dschang (Cameroun). De gauche à droite : classe d'initiation au braille et cours d'accessibilité informatique.

Anne-Quitterie Jozeau, journaliste

Les étonnantes crèches des légionnaires

À la Légion étrangère, le concours de crèches fait partie des incontournables traditions de Noël. En 2023, les légionnaires du 1er régiment étranger du génie de Laudun-l'Ardoise (30) en ont réalisé une dizaine.

Au milieu de la caserne de Laudun-l'Ardoise dans le Gard, des poupées Barbie trônent sur une table toute parée de guirlandes lumineuses et de fonds végétaux. Sur un carton, une photo du pont du Gard. C'est l'un des trois fonds de la crèche créée par les légionnaires du 1er régiment étranger du génie de Laudun-l'Ardoise. Des bâches militaires masquent le plafond et le dessous des tables. Plus loin, dans une salle sombre, d'autres légionnaires ont représenté leur régiment en miniature. Entourés de verdure éclairée par de petits projecteurs verts, l'ensemble des emblèmes de la caserne sont présents : le drapeau, l'arche de l'entrée sur laquelle est écrit « Légion étrangère » et les différents lotissements. Une guirlande blanche éclaire le fond de ce tableau. La crèche de la Sainte Famille, surélevée, semble tourner son regard vers la caserne. Au régiment de Laudun-l'Ardoise, huit autres crèches ont été préparées pendant l'Avent. L'emploi du temps est chargé, la réalisation des tableaux se fait en quelques jours. Le chef de section donne l'esprit de ce qu'il veut réaliser. Ensuite, les légionnaires installent, confectionnent des costumes, enregistrent des sons… L'un manie l'imprimante 3D à la perfection, l'autre rédige de beaux textes pour accompagner les créations, un autre encore construit des maquettes. Chacun y va de ses qualités. « Les talents cachés sont mis à l'honneur », s'émerveille le colonel Rémy Chabaud, chef de corps du régiment.

Les œuvres sont présentées lors d'un concours, le 24 décembre. Le jury, composé, entre autres, du chef de corps et de son épouse ainsi que du plus jeune légionnaire, désigne la plus belle crèche de l'année. Le lendemain, jour de Noël, les œuvres sont exposées au public. Certains tableaux sont vivants et les légionnaires jouent un rôle. C'est le cas de

« En passant par Niamey », une crèche de la 3e compagnie de combat qui retrace le parcours d'un légionnaire de l'aéroport d'Istres à sa mission au Niger.

la création de la section commandée par le lieutenant Maxime. Cette crèche vivante raconte le quotidien des soldats. Revenus du terrain, ils ont travaillé d'arrache-pied pendant trois jours pour terminer à temps. Plusieurs tableaux les mettent en scène en pleine action de déminage ou bien d'exploration. Tout au long de la présentation, un texte est lu par l'un d'entre eux. Il décrit leur …

... premier Noël à la Légion, la veillée et l'ambiance qui y règne. Dans la salle où seuls les tableaux vivants sont éclairés, le ton emprunté est lent, l'émotion palpable. « Il faut que la femme du chef de corps ait la larme à l'œil, ne l'oublions pas », plaisante un lieutenant. La dernière scène ouvre sur la crèche de Noël : les santons de Joseph, Marie et Jésus logent dans le célèbre képi blanc, caractéristique de la Légion. Au-dessus de la Sainte Famille, une grange rappelle la bataille de Camerone (1863). « Il y a deux traditions à la Légion : Camerone et Noël », explique le colonel Chabaud. « Noël est la naissance de l'Enfant-Jésus. Ce jour-là, la Légion met en valeur l'aspect familial et le travail commun des hommes », appuie le chef de corps. Car « certains viennent du bout du monde et ont quitté leurs proches », confie le légionnaire Sabien. « La Légion est devenue une vraie famille, et la fête de Noël en passant par la construction des crèches aide chacun d'entre nous à se sentir ici chez soi. » ■

Des crèches partout en France

Traditions obligent, chaque caserne de la Légion étrangère organise son exposition de crèche. Neuf d'entre elles se trouvent dans le sud de la France (Nîmes, Aubagne, Castelnaudary...), une au Fort de Nogent (Val-de-Marne), une à Kourou (Guyane) et une à Dzaoudzi (Mayotte). Toutes ouvrent leur exposition au public, généralement le 25 décembre. L'entrée est gratuite, sur présentation d'une pièce d'identité.

NOUVEAU

PRIER CHAQUE JOUR 2025 AVEC LES SAINTS ET L'ÉVANGILE

La 1re éphéméride qui vous raconte l'Évangile tous les jours à haute voix !

Prions en Église vous accompagne en **2025** pour prier tous les jours de l'année : que vous soyez assidus ou débutants, pressés ou plus disponibles, cette éphéméride vous aidera à confier chaque jour au Seigneur une intention de prière en lien avec le saint du jour ou l'évangile du jour. **Chaque jour, vous pourrez écouter l'évangile audio accessible via un QR code.**

Conçue par la rédaction de *Prions en Église*, cette éphéméride vous permettra de **vous nourrir tous les jours de la parole de Dieu**. Voici un beau cadeau à offrir ou à s'offrir pour prier seul ou en famille et méditer avec *Prions en Église*.

368 pages • 14 x 13 cm • 16,90 €

Code offre 3172789

En **librairie** | Au **01 74 31 15 09** Appel non surtaxé | Sur **librairie-bayard.com/ephemeride-priere-2025**

Informations communiquées sous réserve de modifications. Renseignez-vous avant de vous rendre aux endroits indiqués.

LE JOUR DU SEIGNEUR – FRANCE 2

1er/12 11 heures : en direct de la Belgique. Prédicateur : *information non confirmée.*

8/12 10 heures : cathédrale Notre-Dame de Paris, Paris (IVe). Prédicateur : Mgr Laurent Ulrich, archevêque de Paris.

15/12 11 heures : église Saint-Didier, Saint-Didier (84). Prédicateur : P. Jean-Marie Petitclerc, salésien de Don Bosco.

22/12 11 heures : église Saint-Laurent, Saint-Laurent-de-la-Plaine (49). Prédicateur : P. Franck Dubois, dominicain.

25/12 **MINUIT** : Basilique Saint-Pierre, Rome. Prédicateur : pape François.

25/12 11 heures : cathédrale Notre-Dame de Paris, Paris (IVe). Prédicateur : Mgr Laurent Ulrich, archevêque de Paris.

25/12 **MIDI** : Bénédiction urbi et orbi prononcée par le pape en direct du Vatican.

29/12 11 heures : église Saint-Benoît, Walschbronn (57). Prédicateur : P. Frédéric Ozanne, prêtre de la Mission de France.

FRANCE CULTURE (10 h 05)

1er/12 Chapelle Notre-Dame de la Médaille miraculeuse, Paris (VIIe). Prédicateur : Fr. Charles Ruetsch, dominicain.

8/12 Chapelle Notre-Dame de la Médaille miraculeuse, Paris (VIIe). Prédicateur : P. Bertrand Bousquet.

15/12 Chapelle Notre-Dame de la Médaille miraculeuse, Paris (VIIe). Prédicateur : Fr. Régis Morelon, dominicain.

22/12 Chapelle Notre-Dame de la Médaille miraculeuse, Paris (VIIe). Prédicateur : Mgr Emmanuel Tois, évêque auxiliaire de Paris.

25/12 **MINUIT** : Chapelle Saint-Vincent-de-Paul, Paris (VIe). Prédicateur : *information non confirmée.*

25/12 Chapelle Notre-Dame de la Médaille miraculeuse, Paris (VIIe). Prédicateur : P. Roberto Gomez, lazariste.

29/12 Chapelle Notre-Dame de la Médaille miraculeuse, Paris (VIIe). Prédicateur : Mgr Bernard Podvin.

LIVRES

La vie au miroir de l'année liturgique

Collectif, collection Célébrer, Mame, 160 p.

Plusieurs théologiens reviennent sur les grands temps de l'année liturgique, comme l'Avent ou le temps ordinaire. Chacun explique nos rites actuels par des éléments mystagogiques et liturgiques. Tout un chapitre est dédié au cierge pascal, par exemple. Franck Ruffiot nous montre que l'inscription de l'alpha et l'oméga dans la cire, c'est le Christ qui vient s'inscrire « dans notre monde par son incarnation ».

Mon premier petit livre de Notre-Dame de Paris

M. de Laubier, CRER, 48 p.

Dans ce nouveau livre de la collection dédié aux 3-6 ans, Matthieu de Laubier, prêtre ordonné à Notre-Dame de Paris raconte l'histoire de la cathédrale. Dans un langage simple et pédagogique, avec une touche de spiritualité, ce récit est conté depuis ses origines médiévales à la restauration de l'édifice réalisée après l'incendie de 2019. Les illustrations de Marie Paruit, aux couleurs vives et dynamiques, plairont au plus grand nombre !

La prière de Jésus

J.-C. Larchet, Salvator, 196 p.

Écrit par un spécialiste contemporain du mont Athos et des Pères du désert, l'ouvrage fait découvrir ou redécouvrir la prière du cœur. L'auteur ici part des origines de ce trésor de la tradition chrétienne, et offre des pistes concrètes pour pratiquer la prière de répétition adressée à Jésus. Pour cela, le spécialiste s'appuie sur des conseils pratiques de grands maîtres du mont Athos des XIXe et XXe siècles. ■

Anne-Quitterie Jozeau

Saint François d'Assise, Francisco de Zurbarán, vers 1640-1645, Museum of Fine Arts, Boston.

EXPOSITION

Zurbarán. Réinventer un chef-d'œuvre

Debout, momifié, habillé de sa robe de bure, les yeux levés vers le ciel, c'est ainsi que le peintre espagnol Francisco de Zurbarán (1598-1664) représente saint François tel que, selon la légende, le pape Nicolas V l'aurait découvert en 1449 dans la crypte de la basilique d'Assise. Trois versions du tableau de Zurbarán représentant le saint sont réunies pour la première fois au musée des Beaux-Arts de Lyon ainsi qu'une centaine d'œuvres, du XVIe au XXIe siècle, témoignant de leur réception. ■

Hélène Roquejoffre, *Le Monde de la Bible*

Du 5 décembre 2024 au 2 mars 2025, musée des Beaux-Arts de Lyon
20 place des Terreaux, 69001 Lyon – www.lyon.fr

NOS ACTUS

Guide Pèlerins à Rome 2025

Pour vivre l'année sainte, voici le nouveau guide réalisé par *Prions en Église* en coédition avec les Pieux établissements français. Plongez dans une expérience unique à la découverte des lieux saints de la Ville éternelle, des basiliques majeures et des nouveaux itinéraires du jubilé 2025. Chaque parcours est enrichi d'une sélection de musiques accessibles via un QR code. ■ **Amandine Boivin**

Disponible en librairie (11,50 €)
ou sur : librairie-bayard.com/guide-pelerins-rome-2025

CD

Nouveau jour

Holi, ADF Musique

Holi, cinq jeunes chrétiens originaires du Nord qui ont à cœur de témoigner de leur foi. Par des morceaux festifs ou qui invitent à l'intériorisation, ils partagent leur joie d'être chrétiens pour faire connaître le message d'espérance de l'Évangile au plus grand nombre. Par leur musique, ils veulent transmettre leur joie de croire et mettre de la couleur dans les églises.

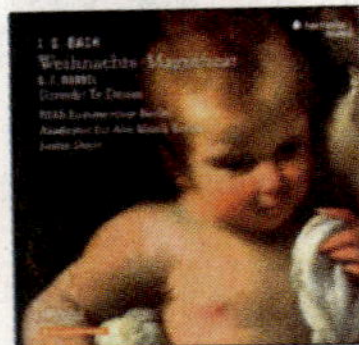

Magnificat de Noël et Te Deum d'Utrecht

Bach, Haendel, RIAS Kammerchor et Akademie für Alte Musik Berlin, J. Doyle, Harmonia Mundi

En arrivant à Leipzig (1723), Bach se devait de composer un Magnificat solennel pour les fêtes de Noël. C'est la version initiale qui est ici magnifiquement enregistrée, accompagnée du *Te Deum* d'Utrecht de Haendel. ■

Dominique Pierre

NUMÉRIQUE

Lumineuse Notre-Dame !

Pendant l'Avent, *Prions en Église* propose un parcours spirituel inédit (appli et site) dédié à Notre-Dame de Paris. La première semaine, plongez dans l'histoire de la cathédrale avec des textes d'écrivains. La suivante, explorez les thèmes de l'Avent à travers ses vitraux, puis découvrez le travail des artisans qui redonnent vie à « la vieille dame », surnom affectueux des Parisiens. Préparez Noël avec Notre-Dame ! ■

Sébastien Antoni

Sur Google Play et l'Appstore

AGENDA

Informations communiquées sous réserve de modifications.

Grand Nord-Ouest

ÉPERNON (28)

SAMEDI 14

Session

« Prier avec les icônes », journée animée par Michelle Bozzio au prieuré Saint-Thomas, de 9 h 30 à 17 heures. La méditation des icônes fait entrer dans le silence intérieur et rejoint la pédagogie de l'oraison.

02 37 83 60 01

reservation@prieure-saint-thomas.fr

GUIPAVAS (29)

MERCREDI 18

Concert

L'église Saint-Pierre-et-Saint-Paul accueille la tournée de Noël de Natasha St-Pier avec Les Petits Chanteurs à la croix de bois, à 20 h 30.

premierepartiemusic.com

PELLEVOISIN (36)

DU DIMANCHE 29 AU MARDI 1ER JANVIER

Retraite

Retraite du Nouvel An au sanctuaire Notre-Dame de Pellevoisin : « Marie, Mère de Dieu, éducatrice de notre vie selon l'Évangile. »

02 54 39 06 49 – pellevoisin.net

sanctuaire@pellevoisin.net

Grand Nord-Est

PARAY-LE-MONIAL (71)

DU JEUDI 5 AU DIMANCHE 8

Retraite prêchée

« Du Cœur Immaculée de Marie au Sacré-Cœur de Jésus », retraite proposée par les Rencontres de Paray-le-Monial.

03 58 42 20 41 – sacrecoeur-paray.org

STRASBOURG (67)

DIMANCHE 8

Vêpres de l'Immaculée Conception

Pour clôturer l'année jubilaire des 250 ans de fondation du Grand séminaire de Strasbourg, les séminaristes et les étudiants chantent, sous la direction d'Anne-Juliette Meyer, les vêpres de la grande solennité mariale, le 8 décembre à 17 heures. Chapelle du Grand Séminaire, entrée libre.

03 88 36 03 28

grandseminaire.alsace

REIMS (51)

JEUDI 12

Conférence

« L'exigence de réforme dans l'histoire de l'Église catholique », avec David Gilbert, prêtre de la…

… Communauté Saint-Martin, théologien et historien. Dans le cadre des rencontres Culture et Religion de l'ICP campus Reims.
03 10 00 87 50
culture_religion2024.eventbrite.fr

Grand Sud-Ouest

SAINT-JEAN-DE-LUZ (64)

DIMANCHE 22

Concert

Concert de Noël « Festiorgues » à l'église Saint-Jean-Baptiste à 16 heures, avec le grand orgue rénové. Au programme : Bach, Poglietti, Igrec, Dupré. Interprété par Katarina Jarova.
contact@orgues-urrugne.org
diocese64.org

ROCHEFORT-DU-GARD (30)

MARDI 31

Prière

Veillée d'action de grâce pour l'année écoulée et celle à venir au sanctuaire Notre-Dame de Grâce à 22 heures.
04 90 31 72 01
accueil@ndg30.fr
http://ndg30.fr

Grand Sud-Est

LYON (69)

DU VENDREDI 29 NOVEMBRE AU VENDREDI 20

Formation

« Seigneur, apprends-nous à prier » (Lc 11, 1) : pendant le temps de l'Avent, un parcours proposé pour se renouveler dans la prière avec Hélène Bonicel à la basilique Saint-Bonaventure.
07 60 18 28 30
saint-bonaventure.fr

CLERMONT-FERRAND (63)

JEUDIS 5 ET 19

Prière

Deux temps de prière œcuménique avec un temps de paroles le jeudi 5 et une prière en silence le jeudi 19. Au temple de Clermont-Ferrand, rue Marmontel, à 19 heures.
06 03 91 30 98
clermont.catholique.fr

MEYLAN (38)

SAMEDI 14

Interreligieux

« Le dialogue interreligieux en région grenobloise. » Matinée d'échange

et de réflexion avec des acteurs associatifs sur les enjeux et les manières de vivre ce dialogue, au Centre théologique de Meylan.
04 76 41 62 70
contact@ctm-grenoble.org
ctm-grenoble.org

Île-de-France

PARIS (XVIIIE)
SAMEDI 7
Maraude
La Compagnie des laveurs de pieds propose une maraude autour de la basilique du Sacré-Cœur, chaque premier samedi du mois. Rendez-vous à 19 heures à la salle Saint-Irénée.
06 11 57 48 68 (par SMS)
info@laveursdepieds.fr
www.laveursdepieds.fr •••

ZOOM

COMMENT VIVRE LE JUBILÉ 2025

Le 24 décembre, l'ouverture de la porte sainte de la basilique Saint-Pierre de Rome, par le pape François, marque le début de l'année jubilaire. Le thème du jubilé est « Pèlerins d'espérance ». Voici trois manières, entre autres, de prendre part à l'année jubilaire. **Aller en pèlerinage à Rome** : en 2025, environ 35 millions de pèlerins se rendront à Rome. 35 évènements spécifiques se dérouleront tout au long de l'année (jubilé des artistes, des forces armées, des familles…). 800 000 Français sont attendus dont des lecteurs de *Prions en Église.* **Accueillir les pèlerins à Rome** : les Pieux Établissements de France à Rome et à Lorette, qui gèrent les églises françaises de Rome, recherchent des bénévoles pour accueillir les pèlerins. Les volontaires seront logés et nourris, pour une mission de douze jours. **Passer la porte sainte dans son diocèse** : pour les personnes qui ne pourraient se déplacer, l'ouverture du jubilé peut aussi se vivre près de chez soi. Le 29 décembre a lieu l'ouverture du jubilé dans tous les diocèses du monde. Une messe solennelle sera célébrée dans chaque cathédrale. ■

Anne-Quitterie Jozeau

... CLAMART (92)

DU VENDREDI 20 AU DIMANCHE 22

Retraite

Prier deux jours pour se préparer à Noël avec la parole de Dieu selon les Exercices spirituels de saint Ignace. Retraite individuelle en silence avec quelques partages en groupe.
01 45 29 98 60 – manrese.com
accueil@manrese.com

DROM-COM

TRINITÉ (97)

DU VENDREDI 6 AU DIMANCHE 8

Retraite

Week-end Marche et prière : « À nos côtés se tient Marie Mère du Christ, Mère des hommes, notre soutien et notre guide. Dans notre marche vers son Fils. » Retraite en silence, avec 3 heures de marche dans la nature au Foyer de charité Trinité-Martinique.
05 96 58 20 30
accueil.trinite-foyer@orange.fr
www.trinitefoyer.fr

Monde

TALLINN (ESTONIE)

DU SAMEDI 28 AU MERCREDI 1ER JANVIER

Rassemblement

La 47e Rencontre européenne de Taizé a lieu cette année dans la capitale de l'Estonie. Plusieurs milliers de jeunes adultes de divers pays et confessions se rassemblent pendant cinq jours pour prier et partager avec les communautés ecclésiales locales et commencer la nouvelle année dans la prière, le chant et le silence.
www.taize.fr

DIMANCHE 29

Jubilé

Célébration d'ouverture dans chaque cathédrale ou co-cathédrale du jubilé 2025.

ENVOYEZ VOS RENDEZ-VOUS À L'AGENDA DE PRIONS EN ÉGLISE : Merci d'envoyer les informations nécessaires 3 mois avant l'événement, sans engagement de publication par la rédaction, à : *Prions en Église*, Agenda, 18 rue Barbès, 92120 Montrouge, ou par e-mail : *prionseneglise@groupebayard.com*

Prions en Église 18, rue Barbès,
www.prionseneglise.fr 92128 Montrouge Cedex.

▶ **POUR CONTACTER LE SERVICE CLIENT : 01 74 31 15 01** – service.client@groupebayard.com
(Préciser : nom + adresse postale + « concerne Prions en Église ».)
▶ **POUR VOUS ABONNER : 01 74 31 15 01** – www.librairie-bayard.com
Bayard, Prions en Église, TSA 60007, 59714 Lille Cedex 9
▶ **POUR CONTACTER LA RÉDACTION :** prionseneglise@groupebayard.com

Directeur de la publication : Pascal Ruffenach. Directeur du secteur et directeur des rédactions : Jean-Pierre Denis. Rédaction : Karem Bustica (rédactrice en chef), Dominique Pierre (rédacteur en chef délégué), Pomme Mignon (rédactrice en chef adjointe visuel, directrice artistique), Frédéric Pascal (rédacteur en chef adjoint), Armelle Gabriel (assistante), Nicolas Crouzier (secrétaire général de la rédaction), Jean-Baptiste Deau, Cécile Toussaint (1ers secrétaires de rédaction), Laurent Sangpo, Pascal Redoutey (rédacteurs graphistes), Ania Biszewska (rédactrice photo), Sébastien Antoni (chef de grande rubrique), Anne-Quitterie Jozeau, Geneviève Pasquier (rédactrices). Ont participé : Michèle Clavier, Thibault Van Den Driessche. Marketing éditeur et développement : Amandine Boivin. Marketing diffusion et abonnement : Aurore Bertrand (directrice), Sandrine Dos Santos (chef de marché). Directeur des terrains catholiques : Cédric Bloquet. Voyages lecteurs : Corinne Miguel. Contrôle de gestion : Tonnumy Ai. Fabrication : Grégory Cervantes. Impression : Maury SAS, Z.I. Route d'Étampes, 45330 Malesherbes. Textes liturgiques : © AELF. Chants : © Éditeurs. © Bayard et Novalis. Reproduction interdite sans autorisation. *Prions en Église* est édité par Bayard, société anonyme à Directoire et Conseil de Surveillance au capital de 16 500 000 €. Actionnaires : Augustins de l'Assomption (93,7 % du capital), SA Saint-Loup, Association Notre-Dame de Salut. Directoire : Pascal Ruffenach (président), Dominique Greiner, Florence Guémy et Jean-Marie Montel (directeurs généraux). Président du Conseil de Surveillance : Hubert Chicou. Dépot légal à parution. CPPAP : 0425K86471 - ISSN : 0383-8285. Belgique et Luxembourg : Bayard Presse Bénélux, Da Vincilaan, 1 – 1930 Zaventem. Tél. : 0800 250 38 (de Belgique, gratuit) ou 800 29 195 (du Luxembourg). Web marché chrétien : librairie-bayard.com. Suisse : Asendia Press Edigroup SA, Chemin du Château-Bloch 10, 1219 Le Lignon. Tél. : 00 41 22 860 84 02. Mail : abobayard@edigroup.ch

***Prions en Église* agit pour l'environnement**
Origine du papier : Suède. Taux de fibres recyclées : 0 %. Origine des fibres : papier issu de forêts gérées durablement. Impact sur l'eau : PTOT 0,005 kg/T

PEFC 10-31-1282
Certifié PEFC
Ce produit est issu de forêts gérées durablement et de sources contrôlées.
pefc-france.org

IMPRIM'VERT

e numéro comporte :
ur la totalité de la diffusion :
ncart posé "Prions en Église
unior" offre d'abonnement.
ur une partie de la diffusion :
ncart posé "Le Pèlerin"
bonnement.

FR